国家社会科学基金重大招标项目结题成果

中国动物疫情公共危机：网络舆情引导机制研究

李晚莲 著

科学出版社

北京

内 容 简 介

本书以动物疫情公共危机网络舆情引导机制为研究目标，对动物疫情公共危机网络舆情的影响因素、演化机理、网民行为与心理、网络舆情引导主体、网络舆情引导方法等展开研究，总结了动物疫情公共危机网络舆情引导的三大策略，从制度规范、组织机构、人员、物资技术保障等方面提出了突发动物疫情公共危机网络舆情引导的保障机制。

本书适用于从事动物疫情公共危机治理、应急管理的研究人员及危机管理专业的本科生、研究生阅读，对从事危机治理的政府工作人员也有一定的借鉴价值。

图书在版编目（CIP）数据

中国动物疫情公共危机：网络舆情引导机制研究 / 李晚莲著. —北京：科学出版社，2020.10

ISBN 978-7-03-059362-7

Ⅰ. ①中… Ⅱ. ①李… Ⅲ. ①动物疾病-突发事件-互联网络-舆论-研究-中国 Ⅳ. ①D63 ②G219.2

中国版本图书馆 CIP 数据核字（2018）第 252326 号

责任编辑：刘英红 / 责任校对：贾娜娜

责任印制：张 伟 / 封面设计：无极书装

科 学 出 版 社出版

北京东黄城根北街 16 号

邮政编码：100717

http://www.sciencep.com

北京建宏印刷有限公司 印刷

科学出版社发行 各地新华书店经销

*

2020 年 10 月第 一 版 开本：720×1000 B5

2020 年 10 月第一次印刷 印张：9

字数：201 000

定价：98.00 元

（如有印装质量问题，我社负责调换）

总　序

“中国动物疫情公共危机”系列成果终于出版，这也是国家社会科学基金重大招标项目“突发性动物疫情公共危机演化机理及应急公共政策研究”（11&ZD171）的最后一批阶段性成果。

作为一个跨学科的新兴研究领域，危机管理涉及几乎所有科学技术的知识领域，尤其与公共管理、经济学、社会学、政治学、法学、信息科学、管理科学及工程等学科密切相关。由于各方面的强力推动，近年来我国危机管理学科领域也成为一门“显学”，呈现迅速发展的态势，并逐渐成为我国推进国家治理体系和治理能力现代化的重要标志。而从一开始，突发公共卫生事件就自然成为危机管理研究的热点。

与自然灾害、事故灾难和社会安全事件不同，动物疫情公共危机突发事件属于一种比较特殊的公共卫生事件。此类突发事件涉及技术、经济、社会、政治等多个领域，政府、社会群体、网络在动物疫情公共危机应急管理中扮演着重要角色，并发挥着关键性作用。“中国动物疫情公共危机”系列四部著作分别题为《中国动物疫情公共危机：网络舆情引导机制研究》、《中国动物疫情公共危机：地方政府应急协商》、《中国动物疫情公共危机：政府防控能力建设》和《中国动物疫情公共危机：社会群体行为决策》，表达了我们对动物疫情公共危机管理基本命题的理解，反映了我们对解决这个问题的期待。

李晚莲教授独立撰写的《中国动物疫情公共危机：网络舆情引导机制研究》，基于大数据背景，探讨在网络媒体平台上动物疫情公共危机舆情传播的现实困境及其破解之策。该书以动物疫情公共危机网络舆情引导机制为研究目标，从动物疫情公共危机网络舆情扩散的影响因素及扩散演变的机理出发，系统梳理了相关理论及研究文献。该书建构了动物疫情公共危机网络舆情引导机制分析框架，对动物疫情公共危机网络舆情的影响因素、演化机理、网民行为与心理、网络舆情引导主体、网络舆情引导方法等展开研究，并通过对禽流感等案例进行分析和总结，提出动物疫情公共危机网络舆情引导策略。该书针对动物疫情公共危机网络舆情演化的不同阶段，构建了舆情扩散指数等新的分析工具，并有的放矢地提出了相应的舆情引导策略与方法。

贺林波教授独立撰写的《中国动物疫情公共危机：地方政府应急协商》，基于协商民主的基本理论，对动物疫情公共危机中的地方政府应急协商机制展开了深入研究。该书综合运用危机管理、协商治理和决策前景等理论，在全面阐述动物疫情公共危机地方政府应急协商现行模式并进行效率评价的基础上，建构了包括整体环境、动力系统、反馈系统和科技支撑等模块的动物疫情公共危机地方政府应急协商新模式。该书利用抽样调查的实地调研获得的数据，使用结构方程模型，对各个模块之间的相关性及对地方政府应急协商的效率进行实证检验。结果表明：整体环境、动力系统和科技支撑等对地方政府应急协商效率有显著正向影响，对反馈系统的影响不显著。

王薇副教授独立撰写的《中国动物疫情公共危机：政府防控能力建设》，突破了单纯地从畜牧兽医学的角度来探讨动物疫情防控问题，而是从公共管理的角度考察人类社会的管理行为如何削弱或消减动物疫情公共危机发生的风险，是一部学科交叉研究的重要之作。该书综合运用公共危机管理理论、风险理论、脆弱性分析、动物卫生经济学理论及系统管理理论，对动物疫情公共危机政府防控能力建设进行理论分析、国内外比较和现实评判，提出我国动物疫情公共危机政府防控能力建设的四大基础要素：法制体系、管理体制、科技支撑和条件保障。该书分别对这四大基本要素在我国建设的基本概况、存在的基本问题、问题出现的原因、国外的基本经验及做法，以及可能的改进方向和做法等进行了综合分析，旨在提升我国政府对动物疫情公共危机的防控能力。

李燕凌和李立清教授合著的《中国动物疫情公共危机：社会群体行为决策》，以动物疫情公共危机社会群体行为决策优化为目标，基于公共危机传播动力学理论、危机演化机理、行为决策组合理论、动态演化博弈理论，对动物疫情公共危机社会群体行为决策的环境约束、动力机制、反馈系统、科技支撑、博弈与组合决策等展开系统研究，对上海“漂浮死猪”事件进行决策案例分析，提出了动物疫情公共危机社会群体行为决策主体生态系统新观点、网络舆情 SEIR 模型新工具和一系列社会群体行为决策新建议。

我们的系列著作撰写工作完成了，但是公共危机管理研究正盛。包括动物疫情公共危机在内的公共卫生事件，理应得到全社会的高度重视并进行深入研究。

《黄帝内经》有云：“五畜为益。”动物疫情之猛不下于虎，动物疫情公共危机应急防控警钟长鸣！切莫让“五畜”之益变害祸民。

衡量一个国家公共管理水平的标准，不能只看常态化状况下的行政管理水平，更应看该国在非常态化状况下全社会应急治理的水平。当今世界各国公共管理学科在公共行政、公共政策领域日益繁荣，同时正加快催生公共危机管理学科成熟发展。所喜的是，越来越多的学者关注公共危机管理。我们的团队正是在长期坚持农村公共危机管理研究的过程中成长壮大的，李晚莲教授、贺林波教授、王薇副教授都承担有危机管理的国家社会科学基金课题或省级社会科学基金重点项目，他们为湖南农业大学公共管理一级学科博士点下的公共安全与危机管理二级学科建设，奉献了无限爱心和全部心力。

我有幸做了李晚莲的博士后合作导师，也是贺林波、王薇的博士生导师。他们和李立清教授一道与我商量，总认为动物疫情公共危机管理是一个大课题，我们的研究成果真可谓沧海一粟。他们希望我为这套系列著作的出版写点感言，我欣然接受任务，写了这个序，算是为中国动物疫情公共危机治理聊表寸心吧。

李燕凌

2018年仲夏于长沙勺水斋

前　　言

近年来，一些国家和地区不时暴发动物疫情，因动物疫情引发的公共危机也时有发生。面对突发的动物疫情及其引发的公共危机，大多数国家和地区的学者从病原学、病理学角度出发，通过实验研究其防控疫苗或者药剂，同时研究各种动物防疫、隔离、扑杀等防控技术措施，以提升防控动物疫情的能力。但事实证明，重大动物疫情防治或重大动物疫情引发的公共危机治理不仅仅是一个动物疫病研究与技术防控问题，在新媒体时代，网络在重大动物疫情公共危机治理中发挥着重要的影响作用。

互联网这一强势媒介的出现和网民持续深入的介入，对现代社会产生了广泛的影响。一是互联网应用技术的发展，产生了一个人们对其高度依赖的虚拟世界。人们的日常生活、娱乐、学习、工作等高度依赖互联网，互联网已经渗入人们日常生活的各个方面。二是广大网民在网络空间中平等交流，构建了一个以网络平台为依托的网络舆情场域。“去中心化”、开放、自由等是这个舆情平台的主要特征。与传统面对面的沟通方式不同，在这个互联网平台中，充斥着各类信息，广大网民可以便捷地获取自己所需的信息。网民因为虚拟的身份、隐匿的背景及处于开放自由的环境，可以比较自由地针对某个事件进行讨论和表达自己的意见。因此，随着互联网媒体属性的不断增强，动物疫情即便是较小范围内发生，都有可能因为网络信息的传播和网民的参与而使影响范围扩大，甚至可能引发公共危机。研究动物疫情公共危机与网络舆情的关系，对于提高动物疫情技术防控效率、提高特定主体的舆情引导水平、推动政府危机防控能力建设、促进动物疫情公共危机及时有效化解、推动社会和谐稳定发展具有重要的实践意义。

本书是在新媒体背景下，以突发性动物疫情危机治理为例，结合畜牧学、社会学、传播学、管理学等交叉学科知识，研究重大动物疫情公共危机治理过程中的网络舆情演化机理及引导机制。第一章阐述了突发动物疫情公共危机网络舆情治理面临的挑战、必要性等内容；第二章研究了突发动物疫情、公共危机演化与网络舆情引导的基本概念与基础理论，分析了网络舆情对突发动物疫情公共危机演化的影响；第三章探究了突发动物疫情公共危机网络舆情的演化机理，总结了网络舆情演化的三条路径机理和三类动因机理；第四章通过对 4952 名网民进行调查，分析了网民在突发动物疫情网络情境下的网络行为与心理；第五章分析比较了几种不同的舆情引导主体的优劣势，包括公共权力部门、网络媒体、传统媒体、意见领袖、普通网民等；第六章提炼了突发动物疫情网络舆情引导的方法，分析了舆情引导的阶段及策略；第七章构建了包括制度规范、组织机构、人员配备、权力配置、信息平台、物资设备、技术保障等在内的突发动物疫情网络舆情引导的保障机制。

本书结合定性与定量研究方法，构建了突发动物疫情公共危机网络舆情扩散指数，并在前期研究的基础上，提出了突发动物疫情公共危机网络舆情演化模型，在研究方法上具有一定的创新性。同时，本书聚焦“时、度、效”统一的突发动物疫情公共危机网络舆情引导的机制，系统梳理突发动物疫情公共危机网络舆情的特征及其扩散危害，针对突发动物疫情公共危机网络舆情演化的不同阶段、时机，提出了相应的舆情引导策略与方法，突破了以往大多数研究笼统提出舆论引导对策的分析范式，在研究内容上具有一定的创新性。

本书感谢国家社会科学基金重大招标项目“突发性动物疫情公共危机演化机理及应急公共政策研究”（11&ZD171）、国家社会科学基金课题“突发公共事件非理性网络舆论扩散的阻断机制研究”（17BGL180）和湖南省科技计划项目优秀博士后基金“重大动物疫情公共危机治理中网络舆情引导机制研究（2015RS4038）”的资助。感谢合作导师李燕凌教授，感谢在本书写作过程中提出过宝贵意见的肖滨教授、朱正威教授、周清明教授、贺建华教授、余兴龙教授、贺喜教授、毛祥成副教授等各位专家，感谢聂俊婷协助资料收集，感谢科学出版社各位编辑的辛苦付出。

目　　录

第一章　突发动物疫情公共危机网络舆情引导问题呈现

本章主要分析突发动物疫情公共危机治理过程中面临的挑战和构建网络舆情引导机制的必要性，同时总结目前的研究现状及一些新的研究视角。

第一节　突发动物疫情公共危机治理：挑战与必要性分析

一、突发动物疫情公共危机治理面临的挑战

（一）日益频发的突发动物疫情

近年来，随着全球气候变暖和科学技术的不断进步，人类的活动领域不断拓宽，自然生态受到人类社会活动的影响，新发的动物疫病不断出现。目前，全世界有记载的动物染病有 300 多种，其中 250 多种属于人畜共患病，危害比较大的疫病有 90 多种（郑雪光等，2014）。世界动物卫生组织（World Organization for Animal Health）统计，全球几乎每年都会新增一种动物疫病，同时一些原来就存在的动物疫病也会因为病毒变异、突破各类疫病种间屏障等，对人类社会造成严重危害和影响。在那些新增加的或者是复发的动物疫病中，75%又是人畜共患病，如禽流感、尼帕病等。同时，随着国际贸易的发展，国家与国家之间的联系越来越紧密，包括动物及动物产品在内的交易日趋频繁，全球性的动物疫情传播风险也较以往变得更大。这些动物疫病的发生不仅对发病的国家和地区，也会对染病国家和地区的养殖业健康发展、养殖户的经济效益造成重大的

影响，还对这些国家和地区的公共卫生安全构成了严重的威胁。在我国，这些动物疫病也有发生或具有发生的风险。《农民日报》报道，我国主要畜禽饲养量多年位居世界第一，全世界50%以上的猪、30%以上的禽、10%的牛和23%的羊在我国，而且很大一部分是散养方式，这在一定程度上增加了动物疫病发生的风险（农业部，2010）。

近年来，我国一些地方先后发生高致病性禽流感和高致病性猪蓝耳病等重大动物疫病，这些动物疫病有些是病毒变异引起的，有些是从其他国家传入我国的，但无论是哪种情况，都需要相关部门对动物疫病进行科学有效的防控。动物疫情具有强致病性、易感染性及人畜共患的特点，如果控制不好，会给畜牧业造成严重的损害。农业部（现农业农村部，后同）统计，每年我国畜禽因疫病死亡造成的直接经济损失达400亿元，相当于养殖业总产值增量的60%（李亮，2011）。不仅如此，它还会威胁到公共卫生安全和社会稳定，跨国的重大动物疫情还可能损害国家的国际形象。例如，1996年英国发生的"疯牛病"使得英国政府陷入政治危机之中，1999年比利时发生的"二噁英污染"事件也使得比利时政府陷入两难境地。

因此，动物疫情防控尤其是重大动物防疫工作历来受到学者的高度关注，在畜牧学、兽医科学研究中居于重要地位。近年来，一些国家和地区不时暴发动物疫情，我国因动物疫情引发的公共危机也时有发生。重大动物疫病应急处置事关畜牧业健康发展、公共卫生安全，及时、有效地预防、控制和扑灭突发动物疫情，最大限度地减轻突发动物疫情对畜牧业及公众健康造成的损害，保障人民身体健康和维护社会稳定，是各级政府的重要职责。

然而，目前我国动物疫情防控工作的压力仍然较大，形势仍然非常严峻与复杂。正如农业部有关负责人在答记者问时所讲的一样，我国的动物疫病"从国内看，禽流感病毒出现变异重组趋势，口蹄疫病毒同时存在多个血清型流行，重大动物疫病病原污染面依然较大，增加了疫情发生概率；个别地区散发A型口蹄疫疫情，发病畜种和波及范围有所扩大，防控难度进一步加大；部分地区布病、结核病、血吸虫病、狂犬病、包虫病等人畜共患病有所抬头，严重威胁畜牧业发展和公共卫生安全。从全球看，重大动物疫情不断发生。我国周边多个国家持续发生高致病性禽流感、口蹄疫、非洲猪瘟疫情，我国边境线长，口岸通道多，疫情传入风险较大，边境防堵压力大"（农业部，2010）。国内外的双重压力，使得我国防控动物疫病尤其是防控重大动物疫情显得尤为重要和迫切，如何提升我国重大动物疫情公共危机管理能力，如何提高公共危机防控效率，已经成为我国政府和社会需要解决的重要问题。

（二）网络信息技术的迅猛发展

起源于20世纪60年代的计算机网络科学技术，在短短的时间内已经由军事通信领域广泛应用到社会生活中的各个领域，现代科学技术的发展不仅便利了人们的工作与生活，提高了工作效率，改变了人们的生活方式，而且极大地影响了人们的思维方式，是人类社会文明发展和进步的重要标志。通过网络，人与人之间的距离衡量不再是物理里程，而是双方是否链接了网络；人与人之间的沟通不再局限于面对面、一对一的传统沟通模式，而是实现了一对多、多对多的非面对面交流。信息交流的平台从最初的BBS论坛到今天的微博、微信、网络社区论坛等，从最初的传统媒体到今天的"人人都是自媒体"和"人人都是麦克风"。总之，网络技术的发展为我们搭建了便捷、高效、匿名、瞬间链接外界的通信平台与沟通渠道，同时对社会发展与管理提出了新的挑战。

随着信息技术的迅速发展，各类网站总数逐年快速增长，中国乃至世界的网民数量急剧增加。2019年8月，中国互联网络信息中心（China Internet Network Information Center，CNNIC）在北京发布了第44次《中国互联网络发展状况统计报告》。该报告指出，截至2019年6月，我国IPv6地址数量为50 286块/32，较2018年底增长14.3%，已跃居全球第一位。我国IPv6规模部署不断加速，IPv6活跃用户数达1.3亿，基础电信企业已分配IPv6地址用户数12.07亿；域名总数为4800万个，其中".CN"域名总数为2185万个，较2018年底增长2.9%，占我国域名总数的45.5%。我国网民规模达8.54亿，较2018年底增长2598万，互联网普及率达61.2%，较2018年底提升1.6个百分点；我国手机网民规模达8.47亿，较2018年底增长2984万，网民使用手机上网的比例达99.1%，较2018年底提升0.5个百分点（中国互联网络信息中心，2019）。

互联网这一强势媒介的出现和网民持续深入的介入，对现代社会产生了广泛的影响。一是随着互联网应用技术的发展，人们对于网络的高依赖构建了一个以网络为中心的虚拟世界。在这个世界里，人们的日常生活、娱乐、学习、工作等高度依赖互联网，互联网逐渐成为人们日常生活中不可或缺的一部分。根据第44次《中国互联网发展状况统计报告》，截至2019年6月，我国农村网民规模为2.25亿，占网民整体的26.3%，较2018年底增长305万；城镇网民规模为6.30亿，占网民整体的73.7%，较2018年底增长2293万（中国互联网络信息中心，2019）。说互联网是虚拟世界，是因为它与我们可以触摸、感知的这个现实世界有着显著的不同，在互联网世界人们可以使用一个虚拟的网名，隐匿自己的真实身份，摆脱现实世界中的某些束缚，在拟态的互联网平台工作与学习；说它是伪虚拟，是因为这个世界并不是虚幻的，它是现实世界的延展。这个交织着虚拟与现实的互联网平台，不仅不断在建构着新的社会形态，而且不断反塑着我们的现实世界。在这个过程中，社会关系不断变革，社会问题混杂汇集，对现代社会治理提出了新的挑战。二是广大网民在网络空间中平等交流，构建了一个以网络平台为依托的网络舆情场域。“去中心化”、开放、自由等是基于互联网沟通与交流方式的主要特征，也是这个舆情平台的主要特征。与传统面对面的沟通方式不同，在互联网平台上，各类信息充斥于网络空间，广大网民可以即时获得所需要的信息。网民因为虚拟的身份、隐匿的背景及处于开放自由的环境，可以比较自由地针对某个事件进行讨论，平等地表达自己的意见。随着网民用网习惯的养成，越来越多的网民喜欢通过网络来发出声音、发表评论，形成了一个独特的网络舆情场域。在这个场域中，有深度、有见地、有理性的舆论有之，同时情绪化、标签化、非理性的舆论也有之，共同营造了一种开放发展与焦虑混杂共存的舆论生态环境。对这种舆情生态环境的有效治理不仅有利于净化网络空间，而且对于整个社会的管理具有重要意义。三是互联网的发展不仅使电子商务、电子政务等得到了快速发展，网民个人通过微博、微信公众平台、论坛意见领袖等方式也建立了发声的平台。传统媒体扩展了其新闻门户网站，同时政府及社会组织也建立了自己的门户网站和网络沟通渠道，人们在互联网的深层网络应用发展过程中建立起了一种新的社会信任机制，网民对网络更为熟悉和依赖，也更为包容。这种建立在非熟人社会机制上的信任，尽管容易受到冲击，但对现实社会信任机制也起到了某种补充作用。在网络空间中，这种新的、逐渐被接受的信任，为网络舆情的引导创造了条件。

（三）蕴含危机与挑战的风险社会

风险社会理论是法国社会学家乌尔里希·贝克（Ulrich Beck）首先提出来的。他认为，尽管人类历史上各个时期的社会形态都存在一定意义上的风险，但是自近代以来，风险的结构和特征都发生了根本性的变化。一是风险的人为化，也就是随着人类活动的频繁、活动范围的扩大，人类对于人类社会本身的影响力逐渐增强，风险的结构由之前以自然风险为主转变为以人为风险为主；二是风险制度化了或是制度化的风险（贝克，2004）。人类为有效管理和治理社会制定了一系列制度规范,但是这些制度规范在为人类提供规范的同时也带来了制度失灵的风险。在现代工业社会，普遍存在着生态风险、全球经济风险及技术风险等。在贝克看来，风险的分配不同于财富分配，因为风险是无处不在，也无处可躲，风险面前人人都是平等的。在风险社会中，风险具有几个典型的特征：风险不再局限于发生地、风险的严重程度超出预警监测及处理的能力、风险发生的时空界限很难确定。总之，我们现在正处在一个处处充满风险、危机和挑战的社会，正处在一个危机事件频发的时代。

当前我国正处在社会转型时期，经济结构、社会结构、文化价值、管理制度正发生着深刻的变化。在转型过程中，各种社会矛盾相继出现。2011 年《2010 中国危机管理年度报告》发布，报告选取了 2010 年的 72 起影响较大的危机事件，发现其中 33%影响较大的危机都是在事件发生当天曝光的、67%影响较大的危机舆情事件通过网络首发。可见，网络不仅加快了危机事件的传播速度，而且在一定程度上可成为危机事件本身。

面对日益频发的动物疫情及其引发的公共危机，许多国家和地区从病原学、病理学角度出发，并通过实验研究其防控疫苗或者药剂，以及各种动物防疫、隔离、扑杀等防控技术措施，疫情大多得以控制。同时，国际组织之间尤其是邻近国家之间加强了合作，针对跨境重大动物疫病和重要人畜共患的动物疫病建立了一些全球预警系统和防控系统，如全球跨境动物疫病防控组织（GF-TADs）。但在某些情形下，因各种原因，即使技术处置得当，动物疫情引发的公共危机也可能没有得到有效化解，这不仅会带来巨大的经济损失和社会损失，也会给人们的健康和生活带来很大的负面影响。事实证明，重大动物疫情防治或重大动物疫情引发的公共危机治理不仅仅是一个动物疫病研究与技术防控问题，在新媒体时代，网络在重大动物疫情公共危机演变中发挥着越来越重要的作用。《关于〈中共中央关于全面深化改革若干重大问题的决定〉的说明》强调："随着互联网媒体属性越来越强，网上媒体管理和产业管理远远跟不上形势发展变化。特别是面对传播快、影响大、覆盖广、社会动员能力强的微客、微信等社交网络和即时通信工具用户的快速增长，如何加强网络法制建设和舆论引导，确保网络信息传播秩序和国家安全、社会稳定，已经成为摆在我们面前的现实突出问题。"因此，加强重大动物疫情公共危机网络舆情引导迫在眉睫。

二、加强突发动物疫情公共危机网络舆情引导的必要性分析

2018 年 3 月，农业部召开全国重大动物疫病防控工作视频会议，会议强调"各级畜牧兽医部门要认真贯彻落实党的十九大精神，充分认识做好新时代动物防疫工作的重要意义"（农业部新闻办公室，2018）。同时，在农业部召开的多次会议中，都强调各级各部门要切实做好有关动物疫情的各项应急准备工作，要切实完善应急预案，要加强应急队伍的培训和演练，不断增强应急处置能力，做到责任明确、人员到位、信息畅通。在信息网络时代，要做好重大动物疫情的防控及动物疫情的应急工作，一方面离不开网络信息渠道的畅通，另一方面由于信息网络

对动物疫情的防控效率及应急处置效果有直接影响，因此加强网络安全及网络治理至关重要。2014 年 2 月 27 日，中央网络安全和信息化领导小组第一次会议召开，习近平同志指出："做好网上舆论工作是一项长期任务，要创新改进网上宣传，运用网络传播规律，弘扬主旋律，激发正能量，大力培育和践行社会主义核心价值观，把握好网上舆论引导的时、度、效，使网络空间清朗起来。"（习近平，2014）随着新媒体技术的不断发展，网络所构建的舆论互动场对动物疫情公共事件治理提出了新挑战，如何及时地阻断非理性网络舆论的扩散，如何准确有效地进行网络舆情的引导，本身就是动物疫情公共危机治理的关键，也是加强网络舆论引导、构建和谐社会的题中之义。

（一）有助于提升特定主体的舆情引导能力

随着信息技术的不断发展，以互联网为代表的新兴媒体为公众沟通搭建了一个开放的对话平台，这个平台不仅聚集着各类公众信息，而且汇集和显化着各种社会矛盾。在这个平等开放的平台上，一些局部的小事件有可能在网络的聚焦放大下变得严重且不易处置。在信息时代，特定主体要及时掌握社会事件发展的状况，把控突发事件的发展走势，不断收集舆情信息，分析与判断信息走势，并准确有效地进行舆情引导。然而，网络信息纷杂，情况瞬息万变，特定主体若没有一定的能力和引导水平很难在信息迷雾中厘清事件的发展脉络，更不用说进行舆情引导及有效处置突发事件了。可以说，特定主体的舆情引导能力及引导水平决定着舆情引导的效果和突发事件治理的效果。一般认为，特定主体的舆情引导能力应包括信息收集能力、信息处理能力、舆情预警能力、舆情应急能力、舆情引导保障能力等，这里的特定主体既包括政府部门的领导者和意识形态的主管部门、媒体及与媒体从业人员相关的社会组织、意见领袖、个体网民等。本书系统分析突发动物疫情公共危机中网络舆情的演化机理，有助于舆情引导主体把握舆情的演化趋势，收集预判舆情信息；对舆情引导机制的时、度、效等方法和策略的研究，有助于舆情引导主体提升应急综合能力。

（二）有助于加强政府动物疫情公共危机治理能力

目前我国关于动物疫情公共危机的研究中，有关防止动物疫情扩散的技术能力建设、动物疫情政府防控的组织网络构建及动物疫情防控的相关机制体系等都有涉及，而且这些治理措施对于动物疫情源生危机是必要且有效的。在新媒体时代，信息网络对动物疫情公共危机的治理提出了新的挑战，政府危机管理部门不仅要及时有效治理动物疫情源生危机，而且要防范和治理动物疫情衍生的公共危机，这也是动物疫情公共危机治理的题中之义。不可否认，互联网已然成了公众思想文化的集散地，动物疫情发生后，哪怕微小的动物疫情都有可能通过网络这个社会舆论放大器进行聚集、发酵、扩散，这就需要政府具备比较强的公共危机治理能力。本书在前人研究的基础上，综合考虑动物疫情公共危机技术防控能力、政府组织机制建设等研究成果，力图深入研究动物疫情公共危机管理网络舆情引导，并提出了一些对策建议，以期提高政府部门动物疫情公共危机治理的能力。

（三）有助于动物疫情公共危机的及时化解

动物疫情公共危机的化解有赖于源生动物疫情的有效控制，也有赖于衍生动物疫情公共危机的化解。本书主要分析提升特定主体的舆情引导能力和提升政府相关部门的危机治理能力，在综合考虑动物疫情政府技术防控、组织制度机制等建设能力的基础上，就动物疫情公共危机网络舆情引导做深入探讨。诚然，在现代社会，一方面在动物疫情发生后，信息网络可能作为动物疫情公共危机的扩大器和助推器，扩大危机的影响面与影响程度；另一方面，信息社会背景下，掌握信息网络的特征及网络舆情引导的方法策略显得非常重要。

（四）有助于网络空间的净化与社会和谐发展

网络空间的开放性、信息渠道的多样化、传播方式的个性化及传播内容的宽泛化，使当前的社会舆论环境呈现出前所未有的、多层次的复杂性。网络空间是一把双刃剑，利用得好、监管到位，网络空间清朗干净，有利于维护人民群众的利益和社会的和谐。本书以突发动物疫情公共危机网络舆情引导作为研究对象，构建了及时、适度、有效的网络舆情引导机制，不仅对突发动物疫情公共危机的化解具有一定的意义，而且对净化网络空间、构建和谐社会也将起到重要的作用。

第二节 突发动物疫情公共危机网络舆情引导的研究呈现

突发动物疫情公共危机网络舆情引导机制研究是一种跨管理学、政治学、社会学、心理学等多学科的研究，国内外研究者从不同的学科背景出发进行了大量的相关研究。总体来看，管理学、政治学侧重政府危机信息管理，传播学侧重网络舆论传播规律，社会学侧重网络人际交往，心理学则侧重网络舆情演化的社会心理机制等。

一、有关动物疫情防控公共危机治理的研究

国内外有关公共危机治理的研究，主要围绕公共危机的含义与特征、公共危机演化发展的阶段、公共危机演化的动力、公共危机防控的问题与对策等。关于突发公共危机的含义与特征，一般认为是自然灾害或者是社会运行机制失灵引发的，并可能影响人们正常的生产生活，引发人们的心理恐慌情绪，破坏社会正常的运行秩序的事件，具有突发、公共性和不确定等。目前学界将突发公共危机主要分为自然灾害型危机、事故灾难型危机、公共卫生事件和社会安全事件。有关公共危机演化发展的阶段，也有较多研究成果，如 Heath（2004）提出的 4R 模型，其认为危机管理可以分成缩减力（reduction）、预备力（readiness）、反应力（response）和恢复力（recovery）等四个阶段。Steven（1986）在 20 世纪 80 年代把危机分成潜在期、突发期、蔓延期、解决期等几个阶段。国内的学者围绕公共危机的演化机理也进行了相关研究。李志宏等（2010）提出了突发公共危机信息传播的五阶段分析理论，即前兆、爆发、蔓延、缓解和终止阶段。郭倩倩（2012）认为，突发事件演化机理的周期可以分为危机潜伏期、事件爆发期、危机蔓延期和事件恢复期，并且对每一阶段危机的特征表现进行了阐释。杨乙丹（2012）研究了群体性危机事件，认为该类事件具有链式传承效应，其发展阶段可以分为变动环、孕育环、激发环、酝酿环、爆发环、升级环、减弱平息环，这些环节链转变之间可以根据事态的变化规律切断防控。佘廉和吴国斌（2005）进一步研究了 Turner 的灾害阶段模型、ibrahim-razi 模型、紧急事件演进模型等。一部分学者在对危机发展的阶段研究基础上，利用数据模型较为深入地研究了公共危机的演化机理。向良云等（2013）采用结构方程模型，使用变量的协方差矩阵等方法，分析了危机事件中不同社会群体的互动方式和社会关系网络，还分析了群体性突发事件在大众情绪、行为变化等推动下的逐渐演化。李燕凌和车卉（2015）通过研究高致病性猪蓝耳病暴发后感染疫病牲畜的数量和时间的关系，提出了“三阶段三波伏五关键点”模型。关于公共危机的防控与对策，大多学者从公共危机的防控主体——政府出发，研究政府是如何从人力、财力、物力、组织、信息等方面进行的危机预警和危机控制。

具体到针对动物疫情公共危机防控的研究中，现有的文献主要是从动物医学

的角度出发，通过研究某一具体疫病，如分析它的病原学、病理学，也有的文献利用实验研究从科学技术的角度来研究动物疫病的防控疫苗和药剂。从管理学角度出发研究的文献也不少，主要是通过关注动物疫病防控的公共政策、动物疫病发生后的经济补偿及社会管理等。例如，以世界口蹄疫防控策略的制定为例，有的国家通过制定计划免疫和强制免疫等政策来防控疫病，有的国家主要是对染病牲畜进行扑杀，以及对染病疫区进行消毒等各种技术措施，这些政策的选择是基于公共管理学或公共经济学的逻辑来进行的。

二、危机信息传播研究

自20世纪80年代以来，西方学者对重大公共危机事件相关信息传播造成的社会恐慌失序等严重后果已有一定的认识，并对重大公共危机事件相关信息的管理与传播策略颇为关注，后来逐步发展成危机传播理论体系。其中，较有代表性的理论有：格鲁尼格和亨特提出的“优化理论”，该理论聚焦危机传播中的管理环节，强调传播者的自主性、专业性、决策能力和传播沟通策略的有效性；也有学者将研究重点放在信息加工环节上，较为深入地探讨了重大突发公共危机事件发生后管理者的“形象管理”和“辩护”策略问题，如伯诺伊特提出的“形象修复”理论。20世纪90年代以后，一些学者将社会和文化理论引入危机传播研究中，把危机作为话语冲突和调适的动态过程加以研究，较有代表性的学者有麦克黑尔等。国内学者围绕公共危机网络传播的特点及其规律进行了相关研究。顾明毅和周忍伟（2009）通过研究提出了一种社会性网络信息传播模式及其在该模式下生成的网络议题升级模型。魏玖长和赵定涛（2006）利用统计分析技术，总结归纳了在危机事件下新闻报道量的演变模式。程葳等（2009）利用统计分析方法研究得出网络论坛发帖量是存在一定规律的。傅毓维等（2007）利用混沌情景预测方法，总结分析了公共危机伪信息扩散现象及其内在的规律。曹英（2009）通过对群体性事件中的信息传播流程、信息传播节点，以及在信息传播过程中网民的心理接受机制进行了研究，认为信息传播流程可以分为群众意识唤醒、群众意识形成与暴力行为发生等三个阶段。从该领域已有的研究来看，危机信息传播的理论与实证研究为本书奠定了良好的基础。

在危机信息传播理论中，有关媒体在公共危机治理中作用的研究一直是学者关注的重要内容。随着媒体的发展变革，媒体在公共危机治理中的作用研究分为两个阶段，一个是传统媒体阶段，另一个是新媒体或自媒体阶段。在传统媒体阶段，关于媒体的作用存在着议程设置论与框架设定论之争，议程设置理论指出媒体可以告诉公众想什么，而框架设定论则指出媒体可以告诉公众怎么想。1972 年，McCombs 和 Shaw（1972）第一次提出议程设置理论，他们的研究认为大众传媒可以决定哪些是重要的议题，可以通过选题的筛选来为公众设置“议程”。McCombs 和 Shaw 通过实证研究进一步证实了议程设置理论，并且在之前研究成果的基础上引入了一些中介因素，如社会类别、媒介使用的变化方式和接触媒介的频率等，研究发现媒体提出的议程和公众对问题重要性的认识并不是简单的吻合，而是有意为之（殷晓蓉，1999）。Entman（1993）通过研究认为媒体设定框架主要利用选择与凸显两个作用机制，如媒体对某一事件设定框架，主要是将观众对该事件所认知的某一部分选择出来，然后通过媒体文本进行特殊的沟通处理，同时在这个过程中提供某些意义解释、归因推论、道德评估及处理方式的建议，从而起到媒体对公众的认识的凸显作用。臧国仁（1999）的研究进一步指出，媒体的框架设定是分层次的，如框架设定的中层次结构包括主要事件、主要事件发生前后的时间变量（先前事件、历史、结果、影响），以及主要事件的归因与评估。总体来看，研究者大多认为，在日常状态下，媒体的主要功能是传播信息、引导舆情、舆情监督，而在危机状态下媒体则具有预警、沟通和参与危机治理的功能。

大多数研究者都注意和关注到了媒体与公共危机治理的关系，如姜帆（2005）认为媒体是应对公共突发危机的关键因素之一，是政府应对突发事件公共危机的社会支持系统，也是政府和公众沟通的桥梁。汤书昆等（2004）认为突发事件公共危机的影响可以通过媒体的放大效应，直接影响到整个社会范围内的大多数人的状态与行为。项国雄和胡莹（2005）认为如果这种放大效应是为了维护社会稳定，则媒体承担的角色的是“和谐的公共话语空间平台”，是“灭火器”和“动员令”。布伯（2002）和张任明（2003）认为媒体是政府的“危机信息代言人”和“公共情绪的稳定剂”，同时是化危机为转机的“转化剂”。反之，如果媒体在危机应对的过程中不利于事件的选择，反而是对公众进行误导，这样容易让公众的恐慌情绪加剧，甚至有可能成为政府应对危机的阻力（人民网，2005）。新媒体语境下，网络传播具有自由性、即时性、隐匿性、互动性和群体极化性等特征，新媒体除了具有传统媒体所有的一般作用外，网络空间的虚拟化增加了舆情环境的复杂化；网络的互动性增加了信息筛选的难度，也增加了政府管控危机的难度；网络言论空间的扩大与信息传播速度弱化了政府对信息的主导作用，增加了危机处理的难度。综上，现有关于公共危机治理中媒体的作用研究大多集中在定性研究方面，利用实证数据分析新媒体与公共危机发展演化的研究并不多见。

三、关于网络舆情及其在公共危机治理中的作用研究

（一）网络舆情的概念与特征

姜胜洪（2012）将舆情定义为社会中相当数量的人对于一个特定话题所表达的个人观点、态度和信念的集合体，公共危机网络舆情是指民众通过网络空间呈现出的关于公共危机事件的情绪、态度、意愿、观点或行为倾向。丁柏铨和夏雨禾（2012）将其分为先导性网络舆情与后起性网络舆情。徐晓日（2007）认为网络舆情具有广泛性、匿名性、突发、群体极化倾向、情绪化等特征。张一文等（2010a）认为公共危机网络舆情具有爆发性、周期短、影响范围广、环境复杂性、群体扩散性和演变不确定性等特点。网络舆情在公共危机治理中的作用，表现为议程设置与框架设定、传播信息、危机预警、危机沟通和干预危机治理等。

（二）网络舆情的触发与扩散

国内学者丁柏铨（2012）的研究认为，公共危机网络舆情的触发来自相关机构对特定事件信息的处置不当、当事人或相关责任人的恶劣表现、有关官员的严重失当言行、公众的意见表达和情绪宣泄渠道不畅通、意见领袖表达的意见等。张一文（2012）进一步将网络舆情的作用因素分为内源动力与外援动力，其中内源动力主要指事件内部属性，如社会敏感性、公共性等，外援动力指的是外部作用力。有关公共危机网络舆情的影响因素，一般从主体、客体及信息传播渠道三个方面来分析，其中突发事件网络舆情的主体因素包括政府、媒体、网民和意见领袖，客体因素包括事件和环境（张玉强，2011）。

另外，有学者对公共突发公共事件网络舆情的扩散进行了研究。康伟（2012）认为网络舆情的扩散主要通过网络新闻、在线通信、网络论坛、社交网站、电子邮件、手机网络等途径，采取主帖、跟帖与转帖等方式扩散。邵东珂等（2015）认为，在网络社交媒体特别是微博平台、朋友圈内的转发和回复是信息扩散的主要方式。夏雨禾（2014）认为，网络舆论呈现出聚集变化模式、辐射关系模式和变异关系模式。王根生（2011）认为网络的开放虚拟、网民身份的隐匿、网络信息的碎片化、突发事件的重大影响等为网络舆论的产生与扩散提供了基础条件。郭晶（2011）认为从众趋同、感染暗示、怨恨心理、宁信心理、沉默

螺旋等网民心理是网络舆论产生及扩散的重要因素。还有学者认为把关人缺失、方法不当、监管松散等是网络舆论尤其是非理性舆论得以扩散的重要原因。刘正荣（2007）认为制度缺失、法治滞后、机制不全等是非理性网络舆论扩散的根本原因。

（三）网络舆情的监测与演变规律

关于网络舆情的监测主要集中在监测指标体系的构建上。戴媛等（2010）选取了传播扩散、民众关注、内容敏感和态度倾向等指标，对网络舆情安全评估体系进行了分层，并对网络舆情安全情况进行了评估。张一文等（2010b）提出了关于网络舆情热度的评价指标体系，从事件爆发力、网民作用力、网媒影响力及政府疏导力等四个方面构建舆情热度评价指标体系（包括一级、二级、三级、四级共 44 个指标），并对各指标的权重进行了研究。张旭蕾等（2014）利用网民新闻累计词频，通过建立 Lotka-Volterra 模型，对网络舆情的演进过程进行了预测。丁菊玲等（2009）提出了一种面向网络舆情危机预警的观点柔性挖掘模型。顾明毅和周忍伟（2009）通过研究，提出了一种社会性网络信息传播模式下的网络议题升级模型。

关于网络舆情演变的规律，目前的研究既有涉及定性的分阶段性研究成果，也有一些是利用定量分析网络舆情的演变扩散规律，既有理论归纳也有实证演绎。在有关阶段性的研究成果中，韩立新和霍江河（2008）将网络舆情的演变过程区分为显现期、成长期、爆发期、演变期、降温期、长尾期等。杜阿宁（2007）对网络舆情的形成阶段进行了研究，将其分为产生、阅览、转载三个阶段。刘鹏飞（2009）将网络舆情的过程区分为引发期、酝酿期、发生期、发展期、高潮期、处理期、平息期和反馈期等几个阶段。李彪（2011）则认为网络舆情可分为潜伏期、爆发期、蔓延期、反复期、缓解期、长尾期，在此基础上，他还研究了危机场域传播的六阶段时长和四分位数日期，研究认为危机潜伏期的时间一般为 1.7 天，50%以上事件爆发期在 1 天左右，80%事件的蔓延期为 2 天，反复期平均时长为 42.9 天，50%事件的缓解期为 10 天，以及漫长的长尾期。兰月新和邓新元（2011）通过建构模型，研究确定舆情扩散过程中的三个特征时间点和舆情发展的四个时段（发生期、扩散期、扩散后期、平稳期）。在定量的演变扩散规律研究中，史波（2010）认为网络舆情的机理包括形成机理、发展机理、变异机理、作用机理和终结机理等五个方面，他还进一步分析了公共危机事件网络舆情生命周期中的演变路径、演变表现和演变动因。魏玖长和赵定涛（2006）通过统计分析方法总结归纳出了危机事件新闻报道数量的四种事件演变模式。傅毓维等（2007）利用混沌情景预测方法分析了公共危机伪信息扩散的内在规律。李彪（2009）以中央电视台总部大楼着火为例，研究了网络舆情的传播机制。聂哲等（2009）通过研究提出了个体间相互影响的网络舆情演变模型。

（四）公共危机治理过程中舆论引导策略研究

对于公共危机治理中网络舆论的引导策略，学者提出了一系列的建议。总体来看，大多学者认为需要在宏观上针对差异类型的危机事件商讨出不同的决策方案，并且在网络平台上做好分导、利导和引导工作，同时提出了要建构能够充分体现主流价值的和谐网络舆论环境、完善网络环境下突发事件的法律法规、有力平衡网络舆论监督与信息公开界限、重视政府与网民的权责分配等对策。在微观上，学者提出要有针对性地分析相关突发事件，剖析突发事件网络舆情的产生机理和演化规律，从而建立网络舆情预警系统、利用大众媒体设置公众议程、适时搭建网络对话平台、抓住机会利用舆论焦点时机、加大有关基础科学知识普及、重视灾害事件中心理抚慰和援助引导，以及在舆情扩散期用事实说话等方面来应对网络舆情。总结起来，主要有以下几个方面：一是着眼制度建设，包括营造和谐的网络舆论环境、完善网络环境下突发事件的法律法规等（杨晓，2012）；二是关注传播策略，提出建立舆论预警系统、主动设置公众议程、搭建网络对话平台、利用舆论焦点时机、掌握话语主动权、压缩传播空间等（曾润喜和徐晓林，2011）；三是采取社会性措施，加强有关基础科学知识普及教育，同时重视灾害事件中心理抚慰和援助引导、加强思想认识等（兰月新，2011）。另外，还有学者从网络技术方法方面提出阻断措施（乌云娜，2014）。

国内外学者在突发公共事件治理及网络舆论扩散的相关研究中取得了丰硕的成果，为本书奠定了坚实的学理基础和提供了丰富的突发动物疫情研究案例。但随着社会生活和传播语境的不断变化，之前的研究成果仍留下了一定的研究空间：一是突发动物疫情的治理研究中，针对突发动物疫情的源生机理、政府危机防控体系建设的研究多，但有关突发公共事件网络危机信息管理的深入研究成果较少；二是尽管有关网络舆论演变及舆论引导对策的研究较多，但有突发动物疫情网络舆情扩散的机理仍比较模糊，提出的对策较为笼统，急需精准有效的研究成果。

第三节　突发动物疫情网络舆情引导新问题：机制构建

由前文的分析可知，突发动物疫情引发的公共危机演化受到网络技术、信息社会的影响，因此对危机的治理自然离不开对网络的治理，离不开对有关动物疫情公共危机网络舆论的引导。从已有的研究来看，目前有关突发公共危机网络舆情治理的研究不少，但有关网络舆情引导较为系统的研究并不多。事实上，突发动物疫情公共危机网络舆情引导本身是一个系统工程，它既受到舆情主体、客体及突发事件本身的影响，也受到社会文化、技术发展等大环境的制约；既与突发事件发生当期的舆情引导手段、方法策略、政府应急处置能力直接相关，也与日常舆情引导能力、网民素质和辨别能力、政府社会治理能力等有关。也就是说，突发动物疫情网络舆情的引导需要长效、持续的机制支撑，而不能只是零散出击、应急出拳，从这个角度来看，突发动物疫情公共危机网络舆情引导机制的建构是系统应对危机的需要。相关经验表明，一些网络舆情引导不力、突发动物疫情危机处置不当的案例，究其原因或是因为没有重视网络舆情在危机处置过程中的作用，或是没有弄清楚网络舆情发展演变的规律，未找到舆情引导的关键节点，或是没有掌握足够有效的引导方法和策略，没有对网民、网络特点、体制机制有足够的了解，这些问题的存在都与没有构建起一个有效的舆情引导机制有关。

突发动物疫情公共危机网络舆情引导的新问题是如何构建一个时、效、度相统一的舆情引导机制。突发动物疫情网络舆情引导机制构建的研究涉及管理学、社会学、传播学、心理学等学科，本书以促进突发动物疫情公共危机有效化解为出发点，遵循理论联系实际的根本原则，通过文献分析掌握突发动物疫情公共危机网络舆情的演化阶段，同时收集近年来典型的突发动物疫情公共危机及其网络舆情演化案例，通过收集典型突发动物疫情公共危机网络舆情的扩散数据，利用层次分析法、无量纲标准化、改进的德尔菲法等方法，构建突发动物疫情网络舆情扩散指数，确定网络舆论扩散的临界线，同时利用时间状态函数方法构建突发动物疫情公共危机的扩散模型，总结突发动物疫情公共危机网络舆情的演化机理。对比分析突发动物疫情公共危机网络舆情引导各主体的特征，总结分析突发动物疫情公共危机网络舆情引导的方法与策略，最后分析包括制度规范、信息平台、组织人员、技术物资等在内的网络舆情引导保障机制，构建时、度、效相统一的突发动物疫情公共危机网络舆情引导机制。本书构建的分析框架如图 1-1 所示。

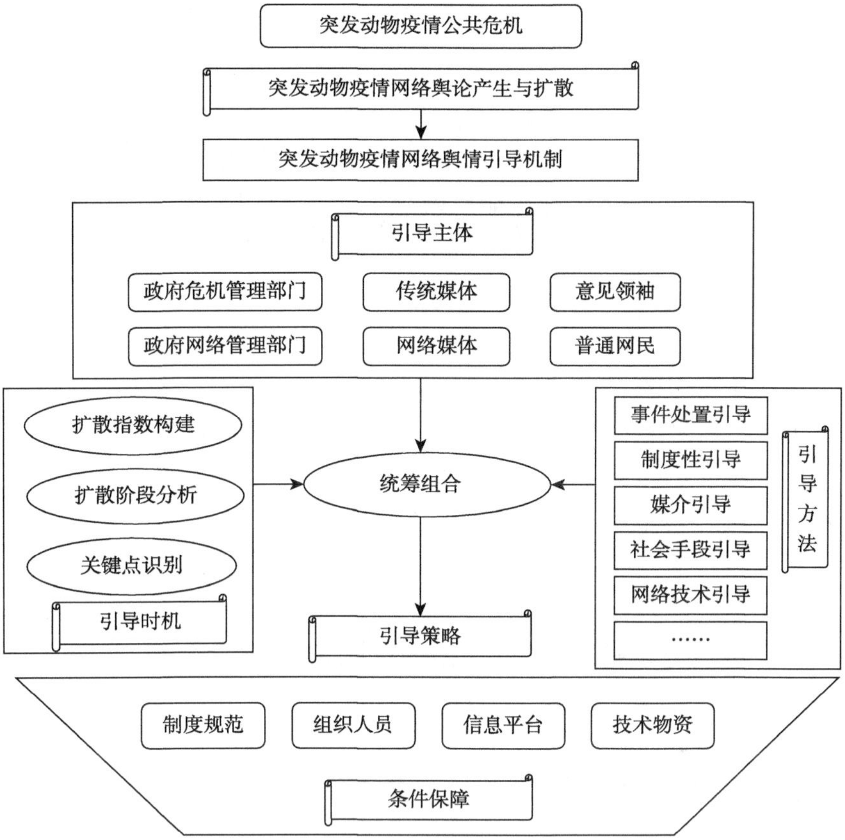

图 1-1　突发动物疫情公共危机网络舆情引导机制分析框架图

第二章　突发动物疫情、公共危机演化与网络舆情引导

本章主要介绍突发动物疫情公共危机网络舆情引导机制的基本概念，阐述包括管理学、传播学、社会学、心理学等多学科相关理论基础，并分析网络舆情对突发动物疫情公共危机治理的影响。

第一节　基本概念界定

一、突发动物疫情界定

动物疫情是指动物发生疫病即传染病、寄生虫病等的情况。根据《中华人民共和国动物防疫法》（2015 年修正）第四条的规定：“根据动物疫病对养殖业生产和人体健康的危害程度，本法规定管理的动物疫病分为下列三类：（一）一类疫病，是指对人与动物危害严重，需要采取紧急、严厉的强制预防、控制、扑灭等措施的；（二）二类疫病，是指可能造成重大经济损失，需要采取严格控制、扑灭等措施，防止扩散的；（三）三类疫病，是指常见多发、可能造成重大经济损失，需要控制和净化的。”不同等级的疫病需要采取不同的防控措施。

目前一类、二类、三类动物疫病具体病种名录是农业部于 2008 年对 1999 年《一、二、三类动物疫病病种名录》进行修订后发布的，即农业部发布的第 1125 号公告。具体名录见表 2-1。

表 2-1　我国目前的《一、二、三类动物疫病病种名录》

类别	具体病种
一类动物疫病	口蹄疫、猪水泡病、猪瘟、非洲猪瘟、高致病性猪蓝耳病、非洲马瘟、牛瘟、牛传染性胸膜肺炎、牛海绵状脑病、痒病、蓝舌病、小反刍兽疫、绵羊痘和山羊痘、高致病性禽流感、新城疫、鲤春病毒血症、白斑综合征
二类动物疫病	多种动物共患病：狂犬病、布鲁氏菌病、炭疽、伪狂犬病、魏氏梭菌病、副结核病、弓形虫病、棘球蚴病、钩端螺旋体病
	牛病：牛结核病、牛传染性鼻气管炎、牛恶性卡他热、牛白血病、牛出血性败血病、牛梨形虫病（牛焦虫病）、牛锥虫病、日本血吸虫病
	绵羊和山羊病：山羊关节炎脑炎、梅迪-维斯纳病
	猪病：猪繁殖与呼吸综合征（经典猪蓝耳病）、猪乙型脑炎、猪细小病毒病、猪丹毒、猪肺疫、猪链球菌病、猪传染性萎缩性鼻炎、猪支原体肺炎、旋毛虫病、猪囊尾蚴病、猪圆环病毒病、副猪嗜血杆菌病
	马病：马传染性贫血、马流行性淋巴管炎、马鼻疽、马巴贝斯虫病、伊氏锥虫病
	禽病：鸡传染性喉气管炎、鸡传染性支气管炎、传染性法氏囊病、马立克氏病、产蛋下降综合征、禽白血病、禽痘、鸭瘟、鸭病毒性肝炎、鸭浆膜炎、小鹅瘟、禽霍乱、鸡白痢、禽伤寒、鸡败血支原体感染、鸡球虫病、低致病性禽流感、禽网状内皮组织增殖症
	兔病：兔病毒性出血病、兔粘液瘤病、野兔热、兔球虫病
	蜜蜂病：美洲幼虫腐臭病、欧洲幼虫腐臭病
	鱼类病：草鱼出血病、传染性脾肾坏死病、锦鲤疱疹病毒病、刺激隐核虫病、淡水鱼细菌性败血症、病毒性神经坏死病、流行性造血器官坏死病、斑点叉尾鮰病毒病、传染性造血器官坏死病、病毒性出血性败血症、流行性溃疡综合征
	甲壳类病：桃拉综合征、黄头病、罗氏沼虾白尾病、对虾杆状病毒病、传染性皮下和造血器官坏死病、传染性肌肉坏死病
三类动物疫病	多种动物共患病：大肠杆菌病、李氏杆菌病、类鼻疽、放线菌病、肝片吸虫病、丝虫病、附红细胞体病、Q 热
	牛病：牛流行热、牛病毒性腹泻/粘膜病、牛生殖器弯曲杆菌病、毛滴虫病、牛皮蝇蛆病
	绵羊和山羊病：肺腺瘤病、传染性脓疱、羊肠毒血症、干酪性淋巴结炎、绵羊疥癣，绵羊地方性流产
	马病：马流行性感冒、马腺疫、马鼻腔肺炎、溃疡性淋巴管炎、马媾疫
	猪病：猪传染性胃肠炎、猪流行性感冒、猪副伤寒、猪密螺旋体痢疾
	禽病：鸡病毒性关节炎、禽传染性脑脊髓炎、传染性鼻炎、禽结核病
	蚕、蜂病：蚕型多角体病、蚕白僵病、蜂螨病、瓦螨病、亮热厉螨病、蜜蜂孢子虫病、白垩病
	犬猫等动物病：水貂阿留申病、水貂病毒性肠炎、犬瘟热、犬细小病毒病、犬传染性肝炎、猫泛白细胞减少症、利什曼病
	鱼类病：鮰类肠败血症、迟缓爱德华氏菌病、小瓜虫病、黏孢子虫病、三代虫病、指环虫病、链球菌病
	甲壳类病：河蟹颤抖病、斑节对虾杆状病毒病
	贝类病：鲍脓疱病、鲍立克次体病、鲍病毒性死亡病、包纳米虫病、折光马尔太虫病、奥尔森派琴虫病
	两栖与爬行类病：鳖腮腺炎病、蛙脑膜炎败血金黄杆菌病

突发动物疫情一般是指突然发生的、紧急的各类动物疫病的情况。突发重大动物疫情是指陆生、水生动物突然发生重大疫病，且迅速传播，导致动物发病率

或者死亡率高，给养殖业生产安全带来严重危害，或者可能对人的身体健康与生命安全造成严重危害的疫病。

二、动物疫情公共危机

薛澜等（2003）认为危机是指对一个社会系统的基本价值和行为准则架构构成严重威胁，并且在时间压力和不确定性极高的情况下，必须对其做出关键决策的事件。一般来说，突发公共危机是指自然灾害或者社会运行机制失灵引发的，并可能影响人们正常的生产生活，或引发人们的心理恐慌，甚至可能会破坏社会正常运行秩序的事件，且具有突发、公共性和不确定等特征。目前学界结合突发公共危机发生的原因及其影响领域将其分为自然灾害型危机、事故灾难型危机、公共卫生事件和社会安全事件；另外，还有学者依据突发事件发生的过程及机理将其分为源生型公共危机与衍生型公共危机。

动物疫情公共危机指的是突发发生的、紧急的动物疫病或动物疫情引起的对社会及经济产生了较大影响的事件。它属于公共卫生事件，具有突发、公共性及不确定等特征。同时，由于突发重大动物疫情对社会及经济的影响较大，因此对其的防控与应急应由国家出台相应的应急预案。

三、网络舆情

在《新华字典》的解释中，舆情指的是群众的看法和意见；《辞海》将舆情解释为群情和民情。总体来看，舆情被定义为社会中相当数量的人对于一个特定话题所表达的个人观点、态度和信念的集合体。喻国明和李彪（2015）认为舆情是舆论情况的简称，是指在一定的社会空间内，围绕中介型社会事件的发生、发展和变化，作为主体的民众对作为客体的社会管理者及其政治取向产生和持有的社会政治态度。网络舆情有广义与狭义之分，广义的网络舆情指的是较多群众针对社会中各种现象、问题所表达的信念、态度、意见和情绪等的总和；狭义的网络舆情指的是在一定的社会空间内，群众围绕中介型社会事件的发生、发展和变化，作为舆情主体的民众对国家管理者产生和持有的社会态度。同时，部分学者对舆论与舆情进行了区分。喻国明和李彪（2015）认为舆论是针对特定的显示客体，一定范围内的多数人基于一定需要和利益，通过言语、非言语形式公开表达的态度、意见、要求、情绪，通过一定的传播途径进行交流、碰撞、感染、整合而成的具有强烈实践意向的表层集合意识，是多数人整体知觉和共同意志的外化。刘建明（2014）根据黄金分割点的划分方法指出，社会民众中 61.2%的人群达成了一致才是民意，38.2%或者 1/3 的人群达成一致就可以称为社会舆论了。

综合舆情及舆论的概念，我们可以发现，舆论是多数人的意见，而舆情既可以是个人的情绪、意愿和态度，也可以是多数人所表达出来的情绪、意愿和态度；舆论强调的是共同及一致的意见，而舆情强调的是一种态度或情绪的状态；舆论应该是公开表达出来的意见、态度，而舆情既可以是公开的，也可以是内隐的。

网络舆情是指民众以网络为平台，借助网络论坛、网络聊天工具、电子邮件、网络新闻组等网络工具，围绕即将发生或已经发生的事件发布信息所表达出来的社会政治态度（姜胜洪，2012）。康伟（2012）认为公共危机网络舆情指的是通过新闻报道、网民发表言论等方式来呈现个人、群体及组织在网络空间中发布传播的基于突发事件的含有情绪、态度、意愿、观点或行为倾向的信息。

关于网络舆情的特点，张一文（2012）认为突发事件网络舆情一般具有五个特点，分别是爆发性、特殊性、环境复杂性、群体扩散性和演变不确定性等。张玉强（2011）则认为突发事件网络舆情除具有公共性、突发、破坏性和可控性特点外，还具有爆发概率高、爆发周期短、影响范围广、危害程度深和控制难度大等特点。喻国明和李彪（2009）认为网民在网络上的发言是“有主张，少论据”，且较为情绪化。徐晓日（2007）指出，网络舆情具有以下一些特点：网络舆情来源具有广泛性和匿名性；网络舆情倾向问题揭露与现实批判；网络舆情具有突发性；网络舆情传播容易出现群体极化倾向；网络舆论能够形成更大的群体压力等。

一般认为，网络舆情由八个要素构成，分别是网络舆情的主体，即网民；网络舆情的客体，即变动的社会现实和社会问题；网络舆情的本体即网络舆论，如各种观点、态度、意见及情绪等；网络舆情的数量，即网络舆论达到的一致性程度；网络舆情的强烈程度，涉及情绪起伏的程度；网络舆情持续的时间；网络舆情的影响；网络舆情的质量，涉及网络舆情所要表达的价值观念、具体理念及情绪的理智程度等（喻国明和李彪，2015）。

综合以上定义与特征，本书认为，网络舆情是指基于网络平台与渠道，借助网络工具，围绕特定事件公众所持有的信念、态度、意见与情绪的综合。由于网络信息的传播往往具有爆发性、周期短、影响范围广、环境复杂性、群体扩散性和演变不确定性等几个特点，因此网络舆情具有广泛性、匿名性及复杂性等特点。网络舆情的主要构成要素包括舆情主体、舆情客体、舆情载体（渠道）等。

四、演化机理

如何回答“突发动物疫情公共危机中网络舆情是基于什么样的情境发生？是

如何演变的？应该怎么去应对？”是有效预防和处置该类事件的科学基础。虽然引起突发事件网络舆情的初始事件、关键节点或者事件人物角色可能各不相同，但事件的演变过程及可采取的相关应急处理机制还是有很多相似的值得借鉴的规律，正如有学者指出，对于突发危机事件的发生等相关机理的研究将对事件的处理和控制效率产生极大的影响。范维澄（2010）认为突发公共事件是多因素风险评估和多尺度预警双重演化规律的复杂科学问题，只有不断对事件确定性及随机性的演化规律进行深入的研究，掌握突发公共事件的演化机理，才有可能从本质上把握突发公共危机事件的发生原因和演化趋势，进而寻找出切实可行的预防措施和应急对策。

在《现代汉语词典》中，“演变”是指历史较久的发展变化，突发动物疫情危机事件之所以能从突发的小范围的导火索事件升级至给地区乃至整个国家、世界范围内的重大卫生事件，通常既受事件本身固有的演化动力和演化路径的影响，也受人工干预的动机、时效、程度等诸多因素的影响，因而，突发事件公共危机常常是两者交互依赖、促进、强化而共同促成的结果，本书认为突发动物疫情公共危机事件中网络舆情的演化是突发动物疫情在自然演化和人工干预两者综合作用下的逐步演变升级直至最终消解平息的过程。在《现代汉语词典》中，“机理”是指某些自然现象的物理、化学规律。向良云等（2013）认为机理就是“事物变化的道理和理由”,本书认为突发动物疫情公共危机事件中网络舆情的演化机理即为事件整个演变过程的背后所隐含的逻辑和内在规律性。突发动物疫情公共危机网络舆情的产生及演变过程是由多种因素、机制相互耦合叠加而成的复杂过程，但作为一种社会现象和社会事实，突发动物疫情公共危机网络舆情的演化必然也会遵循社会活动的一般性规律。

基于以上内容，本书认为突发动物疫情公共危机网络舆情的演化机理具体由两个部分组成：一是网络舆情的演变路径；二是网络舆情演变的动因。其中，演变路径即突发动物疫情公共危机网络舆情从触发到高涨再到消解的物理过程，演变动因即刺激、推动突发动物疫情网络舆情演变路径的各中介因子。此外，从生命周期的角度来看，则可分为舆情形成机理、发展机理、变异机理及消解机理四个主要部分。所谓舆情形成机理是指从突发动物疫情公共危机产生到网络舆情形成的过程，是整个演化机理体系的基础，也是较易理解的部分。发展机理是指相关网络舆情从形成到最后终结都处在一个连续的动态演化的过程之中，这个过程必然也会遵循社会事物及社会现象共同的演化轨迹、动力机制、影响因素及各因素之间的互动关联等规律。变异机理是指突发动物疫情公共危机网络舆情在发展过程中有可能打破传播规律，在舆情发展过程中出现的波动，包括向下及向上的波动。消解机理是指突发动物疫情公共危机网络舆情随着事件的消解而逐步走向终结的过程。

五、舆情引导机制

一般认为，机制一词最早源于希腊文，是指机器的构造和工作的原理。在《辞海》中，机制除了指机器的构造和工作原理外，还有以下三种解释：第一种解释是指有机体，具体包括有机体的构造、功能和相互关系；第二种解释是指某些自然现象的物理、化学规律，也称机理；第三种解释是泛指一个工作系统的组织或部分之间相互作用的过程和方式。因此，理解机制应从两个方面来把握：一是构成机制的各个组成部分是什么；二是各个组成部分之间的关系是怎样的，或者各个组成部分是如何工作及相互作用的。从这个意义上来看，网络舆情引导机制是指构成网络舆情引导的各个组成部分及相互作用的过程和关系。本书认为，网络舆情引导机制由引导主体、引导客体、引导时机、引导方法、引导策略及引导保障条件等部分组成，这几个部分相互作用，构成了一个引导互动系统。总之，本书所认为的网络舆情引导机制是指网络舆情引导主体、引导客体、引导时机、引导方法、引导策略及引导保障机制的综合作用及其相互之间的关系。其中，网络舆情引导主体涵盖了政府危机管理部门、政府网络管理部门、传统媒体、网络新媒体、意见领袖、各类社会组织及普通网民在内的各级各类主体；引导客体主要是指在网络平台中普通网民、意见领袖、受危机影响的利益相关者及组织等；引导时机是指引导主体介入的时间和机会；引导方法是指为了达到网络舆情引导的目的而采取的措施、步骤、手段等，根据以往的研究，不同主体在不同的环境条件下，针对不同的客体所采用的方法各异，一般主要有事件处置引导方法、制度性引导方法、媒介引导方法等，关于这些方法的具体内容本书将在后文有关网络舆情引导方法中专门介绍；引导策略是指在不同的网络舆情环境下，舆情引导主体依据不同引导时机、针对不同引导客体组合采用的不同引导方法或手段的计策和谋略；引导保障机制指的是为网络舆情引导提供保障服务的制度规范、物资技术保障等条件内容。

第二节 基础理论

公共危机网络舆情引导是一种跨管理学、传播学、社会学、心理学等多学科的研究，国内外学者从不同的学科背景出发进行了相关研究。总体来看，管理学侧重政府危机信息管理，传播学侧重网络信息传播规律，社会学侧重网络人际交往，心理学侧重于网络舆情演变的社会心理机制等方面开展研究（李晚莲，2015），其涉及的基础理论如下。

一、管理学基础理论

（一）系统管理理论

系统理论源于生物学中的有机体论，是在研究生命系统过程中形成的。对于一般系统理论的研究兴起于 20 世纪 20 年代至 30 年代。1925 年英国哲学家阿弗烈・诺夫・怀海德提出要用有机体论取代机械决定论，认为应该把生命看成一个有机的整体。1924—1928 年，美籍奥地利科学家贝塔朗菲发表了一系列文章，阐述其一般系统论的思想，被认为是一般系统理论的里程碑式人物。贝塔朗菲认为必须把有机体当成一个整体或系统，才能解释其内在不同层次上的组织原理。1968 年，贝塔朗菲在《一般系统论——基础、发展和应用》一书中详细阐述了一般系统论的概念、方法和应用。系统理论认为，系统是由相互联系的要素构成的统一整体，这个统一整体体现了系统与各要素之间、要素与要素之间、系统与环境之间的有机联系和过程。系统理论还认为，系统具有整体性、有机关联性、稳定性、动态性及预决性。

一般系统理论所提供的分析方法和理论思想为人们认识事物提供了新的模式，尤其是为认识有机体整体与局部、整体与环境之间的关系提供了新思路。20 世纪中期以后，系统论的思想开始成为许多学科的认识论基础和方法。关于系统的表述和运用也逐渐丰富起来，系统管理理论是将一般系统理论运用到管理学中的产物。美国政治学家戴维・伊斯顿在其《政治生活的系统分析》中，最早将系统理论运用到政治学的研究中。他认为，政治是有系统的行为，政治系统是社会系统中的一个子系统，它由与权威性的价值分配相关的互动行为构成，政治系统有其自身的目标，并能对周边的物理环境、生物环境、社会环境、心理环境产生影响，而公共政策正是这种影响的结果和表现。利用系统理论视角分析动物疫情公共危机网络舆情，要求研究者具有整体综合、联系动态的视野，这不仅有助于看到突发动物疫情公共危机产生与发展的多因素特征，还有助于看到突发动物疫情公共危机的动态演变。

本书认为，突发动物疫情公共危机管理是由突发动物疫情危机管理的主体、危机管理的客体及危机管理的环境三方面所构成的一个有机整体，动物疫情公共危机的产生与发展是突发动物疫情源生事件、政府危机管理部门、网络媒体与传统媒体、突发动物疫情中各利益相关者共同作用的结果，因此对突发动物疫情公共危机的防控不仅要关注动物疫病本身的防治、动物疫情防控体系的建设，也要关注动物疫情的相关利益主体，还要关注动物疫情传播的社会环境。在危机治理的语境下，疫病本身、疫情传播与扩散的所引致的危机都是需要治理的危机问题，养殖户、消费者、相关政府部门等都是危机作用的对象，而政府、网络媒体与传统媒体、社会中介组织、公众等都属于公共危机管理的主体，经济环境、政治环境、社会环境、文化环境等都是突发动物疫情公共危机产生与发展的外部条件，对突发动物疫情公共危机的治理具有一定的影响。

运用系统理论分析突发动物疫情公共危机，不仅要具有共时性的综合眼光，也需要具有历时性的开阔视野。任何事物的发展过程都存在一个由产生、成长、成熟再到衰落的历时过程，这个过程本身是事物发展的生命周期，是理解和分析事物本身需要掌握的基本规律。突发动物疫情公共危机也包括危机孕育、爆发、高潮、缓解直至消退期等几个阶段，这符合事物发展的规律，且不以人的主观意志为转移，因此要对突发动物疫情公共危机进行治理，必须准确把握其发展阶段和发展演变的规律。此外，从历时的视角来分析动物疫情公共危机，还需要具有历史的视角，因为任何事物发展的现状都是过去事物发展的累积状态，都会受到过去事物发展演变的影响，以政府为主体的动物疫情公共危机治理主体对待动物疫情的态度、采取的危机治理手段及危机治理的效果都会受到以往应对此类危机所采取行动的影响；媒体等社会组织在动物疫情公共危机治理中的作用也与其过去的路径依赖密不可分；养殖户、消费者对动物疫病的认识和判断不仅受到政府及媒体在当期的行动及报道的影响，也与其获得的经验有关。

（二）危机管理理论

危机管理理论是美国学者在 20 世纪 60 年代提出的。尽管人类社会从一开始就面临着各种各样的危机，而且在实践中不断地解决各种危机，但作为一种理论的危机管理研究，一般认为开始于美国所面对的古巴导弹危机。古巴导弹危机使得美国和苏联意识到两国之间有可能爆发的“核对抗”危险，而且这种“核对抗”危险将威胁到整个人类社会的安全，公共危机理论就是在这样的背景下产生的。20 世纪七八十年代，危机管理理论得到了进一步发展，危机管理逐渐被运用到企业经营管理、各类技术事故、各种自然灾害、社会危机、政治危机、金融危机等各个领域，有关危机管理理论的研究也越来越多。20 世纪 90 年代，随着信息化、全球化等进程的不断推进，社会发展中的风险与挑战日益增多，各国发生的危机事件也不断增多，有关危机管理理论的研究进入了繁荣期，较有代表性的研究成果相继出现。例如，罗伯特·希斯的《危机管理》、劳伦斯·巴顿的《组织危机管理》及迈克尔·里杰斯特的《危机公关》，这些著作不仅厘清了危机管理理论的分析框架，也丰富了有关危机管理的理论知识。

一般认为，危机管理是相较于常规管理而提出来的一种管理模式。危机是指在社会运行过程中，自然灾害、社会运行机制失灵引发的可能危及社会公共安全与社会正常秩序的危机事件。危机管理是指在面对突发的、公共性的危机事件时所采取的预防和处置的动态过程，是政府针对危机事件进行管理，解决政府对内对外处于危险和困难境地的各类问题。危机管理具有紧迫性、非常规性、危险性、权威性、人本性、系统性等特征。危机管理理论注重分析危机管理的阶段性，如有的学者将危机管理分为三个阶段，即危机前、危机中及危机后；有学者提出的四阶段理论将危机分为征兆期、发作期、延续期及病愈期；有学者提出的五阶段理论将危机分为信号侦测期、探测与预防期、控制危害期、恢复阶段及学习阶段；有学者提出的七阶段理论将危机发展的过程分为酝酿期、形成期、爆发期、蔓延期、减弱期、消亡期、影响期等。但无论是哪种阶段理论，大多将危机发展的过程视为一个生命周期，在不同的时期危机管理的特点也不一样，因此需要采取的危机处置手段也应有所不同。

治理理论兴起于 20 世纪 90 年代，它的兴起主要被认为出于两个方面的原因：一是由于西方福利国家在管理过程中出现了管理危机，特别是政府机构臃肿、效率低下，治理理论作为一种既重视发挥政府功能又能够调动社会组织积极性的新的管理理念，在促进政府与社会组织相互作用、共同合作的管理方式上起到了重要作用；二是市场经济在运作过程中出现了危机，市场化的管理方式在资源配置过程中也显现出了一些问题，需要政府重新考虑和调整管理方式，尤其是要考虑与第三方部门合作共同治理国家和社会。也有学者认为公共治理理论是在各国的政府改造运动、全球化的公共治理运动及公民权利运动等潮流的推动下产生的。公共治理理论的模式有多层级治理、多中心治理及网络治理。陈振明和薛澜（2007）认为：“公共理论所关注的主要问题是：‘如何在日益多样化的政府组织形式下保护公共利益’，如何在有限的财政资源下以灵活的手段回应社会的公共需求。”公共治理理论领域的专家总结了公共治理理论的主要观点：一是治理是来之政府但又限于政府等社会公共机构和行为者的行为；二是治理意味着为社会和经济问题寻求解决方案过程中界限及责任的模糊性；三是治理明确了各社会公共机构之间存在的权力依赖关系；四是治理意味着参与治理的主体之间形成了一种自主的网络体系；五是治理不限于政府等权力机构发号施令，且治理的手段是多种多样的。总之，公共治理理论强调管理主体的多元化，强调管理主体之间的互动合作，强调管理方式的多样化。

事实上，危机治理理论是将公共治理理念纳入危机管理理论的产物。由于公共危机具有非常规性、权威性及公共性，因此提倡危机治理理论的学者并不多。根据以上有关治理理论的观点，本书认为，公共危机治理理论是指在危机环境下，多主体、多渠道、多手段参与管理公共危机的过程。突发动物疫情是一个不仅会影响到养殖户、消费者的利益，而且如果防控不到位会影响到国家政府形象及社会秩序。在现代社会，单纯依靠政府来治理突发动物疫病，不仅需要消耗大量的行政资源，而且更为重要的是其管理效果可能并不显著。从危机治理理论的角度来分析和研究突发动物疫情公共危机，一方面突破了单一政府主体的危机管理模式，在危机管理过程中纳入多元管理主体，危机治理理论视角为危机管理提供了新的思路和途径，也肯定了新媒体时代网络舆情引导的重要性和紧迫性；另一方面，公共危机治理理论的阶段性也提醒着突发动物疫情公共危机网络舆情引导相关主体应注意不同时期侧重点的差异。

二、传播学基础理论

（一）人际传播、多级传播等传播理论

人际传播是人与人之间的信息传播，既可以指面对面的传播也可以指非面对面的传播。人际传播最典型的特征是以人自身为媒介进行信息传播，在新媒体时代，借助网络互动技术，人与人之间的信息传播在网络中不断复制，且影响越来越大。传播学研究的先驱拉扎斯菲尔德在 1940 年主持的一项研究中发现，在总统选举中，选民的政治倾向很少直接受大众传媒的影响，而更多是受来自人们之间面对面交流的影响，也就是说，人与人之间的信息传播似乎对其政治态度的形成和转变有更为关键和重要的影响。这与我们传统的认识不一样，一般认为人们通过大众传媒获得信息并受其影响。而在人际传播理论中，通常的模式是信息首先从信息源那里通过大众媒介传播给意见领袖，然后再从意见领袖传播到普通民众。前一个阶段是信息传达过程，后一个阶段就是人际传播扩散过程，这就是二级传播理论。在传播扩散的模型中，二级传播理论模型具有重要的意义。公众对于信息的采纳是分阶段的，第一个阶段是认知阶段，在这个阶段大众传媒起着重要的作用；第二阶段是说服和决策阶段，而这个阶段则是意见领袖起着关键的作用，人际传播影响更为显著。因此，在信息传播过程中，公众既处于大众传媒的信息覆盖中，也处在人际传播的扩散网络中。此后，在二级传播理论的基础上，美国传播学家罗杰斯等发展出了多级传播理论。1962 年，罗杰斯在《创新与普及》的研究报告中提出了传播过程中存在“信息流”与“影响流”的概念，认为传播的信息流是一级的，但影响流却是多级的。罗杰斯认为拉扎斯菲尔德忽略了大众媒

体的所有权和控制权问题，认为大众传媒通过议程设置形塑了人们眼睛看不到的世界，信息流是被大众媒介控制和设置的环节。但是，信息通过大众传媒传递给意见领袖后，意见领袖所主导的影响流必须是多级的，认为信息产生的影响要经过人际传播多元的过滤才能形成，从而把二级传播模式发展为多级传播模式，又叫作N级传播模式。

二级传播理论的研究结果突出了网络舆论领袖在信息传播中的重要作用；多级传播理论则指出，在现代社会，信息作用于受传者的途径是多元多级的。二级传播理论与多级传播理论对我们认识网络人际传播、网络社群和网络意见领袖的特征及信息传播具有重要的理论指导意义。在本书中，人际传播理论与多级传播理论的主要观点能够帮助我们认清在突发动物疫情公共危机网络舆论传播的过程中，舆论的传播路径、特点及规律，并且能够为网络舆情引导提供重要的理论指导，尤其是突出了网络传播实践中意见领袖和多元信息收集的重要性。

（二）蝴蝶效应理论

蝴蝶效应是气象学家爱德华·洛伦茨提出来的一种现象，它的大意是指一只南美洲热带雨林中的蝴蝶，它偶尔扇动几次翅膀，在两周以后可能引起美国得克萨斯州的一场龙卷风。这一效应的主要原理在于，蝴蝶扇动翅膀的运动，可以导致身边的空气对流系统发生变化，产生微弱的气流，而微弱气流又可以引起它周边的气流系统发生变化，从而引起连锁反应，导致气象系统发生极大的变化。蝴蝶效应是混沌学理论中的一个概念，它说明的是复杂混沌系统是无法进行精确预计和完全控制的，事件的结果对初始条件极为敏感，具体体现在事件初始条件的微小变化，都有可能引起结果的极大变化。我们的社会生活中存在着大量的符合蝴蝶效应的事件，如经济领域、社会领域、政治领域都有可能因为一个很小的事件而引发较大的危机。

在信息网络时代，网络舆论的蝴蝶效应也是经常发生的。将蝴蝶效应理论引入网络信息传播领域，是对网络舆论能够产生巨大社会影响与后果的一种隐喻。有学者提出，网络舆论中的蝴蝶效应，“是在网络舆论初始条件不确定的情况下，进行的意见表达时形成的非线性不规则一种混沌现象”（李若冰，2010）。这个定义强调了蝴蝶效应中所反映的网络意见表达具有的非线性、不规则性及混沌性，但是，它忽略了网络舆情引起的初始条件的细微性，也没有说明像蝴蝶扇翅一样微小的事件所可能引起的大的风暴和事件。有研究者提出，蝴蝶效应是指“在日常生活中被视为‘平常’的小事，却能在网络作用场中产生巨大的连锁反应，引起文化界、思想界乃至政界的普遍反响”（王益富和申可君，2009）。

党生翠（2013）认为，网络舆论蝴蝶效应是指微内容经过舆论压力集团——网民对信息的细化和叠加，引发网络媒体与传统媒体的协同效应，并经实体社会的相关反馈，最终形成舆论的倍增效应。尽管单个的或者少数网民个人可能难以形成传统意义上的社会控制力量，但是在网络"放大器"的作用下，有可能成为拥有产生微妙影响的蝴蝶力量，从而影响整个网络或者社会。党生翠还认为，网络舆论蝴蝶效应的发生需要具备：微内容的发布；网络媒体与传统媒体的协同反应及利益相关者的反馈；网络风暴形成物质、资源、能量的交换，最终导致秩序的改变。

网络舆论的蝴蝶效应对我们认识突发动物疫情公共危机网络舆情的演化机制具有一定的理论指导意义，既提醒研究者及舆情引导者不能忽略微小的舆论事件，还提醒舆情引导者要认清网络舆情演化的内在机理，为做好舆情引导工作提供理论支撑。

三、社会学基础理论

（一）集合行为理论

集合行为理论是社会学解释非常规事件时常用的一个理论。在我们生活的社会中，大多数的群体行为属常规事件，但也有一部分是自发的、无组织的群体行为，如因突发事件而引发的群众骚乱、集会、游行、罢工等，这些行为被称为集合行为。具体而言，集合行为是一种大众行为，是指不受现有社会规范控制的人数众多的自发无组织行为，这类行为具有人数众多、无组织性、行为者相互依赖等特征（郑杭生，2008）。集合行为在现代社会有多种表现形式，与本书相关的主要有恐慌、谣言、舆论、流行等类型。恐慌是指人们在面临某种直接或间接的威胁时，所表现出的紧张心态及违反常规的行为。谣言是指从不知名的来源发生，通过非正式的途径传播未经证实的信息。郑杭生（2008）认为，谣言往往是人们在对某一广泛关心的事件情况不明、没有确切的事实根据的情况下，利用集体想象构造出来的，谣言传播本身就是一种集合行为。舆论是指社会中相当数量的人对于一个特定话题所表达的个人观点、态度和信念的集合。流行则是指一个时期内在社会上流传很广、盛行一时的外表和行为风格，是一段时间内为人们所推崇的生活模式。这些不同类型的集合行为，都可能或多或少地出现在突发公共事件中。因此，掌握其产生的机制和发展的规律非常重要。

有关集合行为产生的机制和发展规律的理论，社会学家得出了如下一些结论。斯梅尔塞的基本条件说，他认为集合行为是人们在感受到某种压力情况下，如威胁紧张等，为了改变自己的处境而进行的努力尝试。一般来说，集合行为要具备六个充分必要条件才会发生：环境、结构性压力、共同信念和普遍情绪的产生、诱发因素、行为动员和社会控制弱等。法国心理学家塔尔德则是用模仿来解释集合行为的发生，他认为人们在面临突发事件的时候，往往会因为恐慌而失去自我控制的能力，这个时候如果有人有某种行为，其他人会出于本能而进行模仿，尤其是会模仿大多数人的行为，这样集合行为便产生了。社会学家勒朋则认为在突发事件发生后，由于其情绪和观念在人群中不断感染和暗示，集群心理会朝着某一个方向发展，因此集合行为也就产生了。还有一些社会学家分析了集合行为的产生是因为大多数人处在一种匿名状态之下，在无组织的集合行为中，人们处在一种没有明显群体和个人标志的状况下，似乎不需要承担破坏规范产生的后果，因此更容易做出一些在平时很少做出的某些越轨行为。如果说上面的解释都认为集合行为中个性是出于一种非理性状态，那么控制转让理论在分析集合行为产生的机制时，则有不同的观点。这种观点认为，每个人在理性的状况下都能够控制自己的行为，在集合行为中，行动者并不恐慌也没有受到感染，而是在理性的状况下做出自己的判断，然后将自身的控制权转让给他认为合适的人，因而采取的是明确有目的的行为。

本书认为，在突发动物疫情发生后，网络舆论往往会迅速传播、扩散，在比较短的时间内容易引起大范围关注，如果引导不好有时甚至可能产生谣言，形成非理性的网络舆论，甚至有时会引起线下的养殖户、消费者等的恐慌行为，这种线上的流言、谣言、舆论及线下的恐慌、非理性行为等，无论是从其参与的人数、活动的自发性和无组织性的表征性质，还是从其有可能加剧公众恐慌和抵制心理的后果来看，都属于典型的集合行为。因此，社会学有关集合行为产生的机制与发展规律，对于研究突发动物疫情公共危机网络舆情引导具有重要的理论与实践意义。

（二）网络人际互动理论

人际互动指的是人与人之间的相互作用，这种相互作用有可能是信息、情感等因素的交互，也有可能是行为动作的交流。人类社会正是在人与人之间的交互作用中形成的，不同的互动主体、互动方式、互动心理及互动环境构成不同的社会交往场域。网络信息技术兴起之后，以网络为媒介的互动场域彻底改变了人们的互动方式、互动心理，社会交往、人际交往模式。与传统的面对面、一对一、身体参与交往的模式不同，网络空间的人际互动从其形式上来看是一个全新的人际互动领域，其实质是现实空间中的互动在借助网络技术中介进而过渡到网络空间的一种新的互动形式。由于网络空间的匿名性、去中心化、去抑制化、即时互动性等特点，网络空间中人与人的关系呈现出表面化、随机化、功利化及不确定性的特征。

网络空间的人际互动具有去抑制性、身体缺场、弱联系、高自我暴露和高亲密感等特征（丁道群，2003）。由于网络人际互动可以以身体缺场的方式进行，因此一个人不仅可以有多个网名，还可以同时出现在多个网络互动场域中，在不同的网络互动场域中，个人可以重新设定自己的角色且按照自己设定的角色参与互动，这样，个人就有可能同时处于数个相当不同的经验框架和个人自我身份认同之中。借助网络的匿名性，大多数人隐匿了网名后面有关自己的信息，使得个人在网络空间中的亲密关系与传统交往不一样，并且影响了人际信任关系的建立。McKenna 和 Bargh（1998）对网络虚拟群体进行研究后发现，在网络中的群体由于处于匿名状态，因此他们把原来受社会称许效应影响而不能流露出来的情感通过网络表达出来，并且在这个过程中，还能找到许多“志同道合”的朋友，从而使网络参与者产生一种对群体的归属感。另外，个人通过这种方式也可以获得某种形式的社会支持，或产生某种社会信任。

诚然，网络人际互动具有与现实人际互动不一样的特征。但是，网络空间的人际互动并不能完全脱离现实社会。可以说，网络中的人际互动正是现实人际互动的延伸和扩展。一方面，无论网民个人如何在网络空间中隐匿自己，如何虚拟化，都无法改变自己作为现实中人、处在现实社会关系、受到现实社会约束的人的事实，因此在网络中参与互动的个人必然会打上现实社会的烙印；另一方面，个人在网络中的身份角色及角色内容的设定都是现实社会的复制移植或扩展，表面上个人可以随意选择进入任意网络空间，但事实上个人进入这些空间不仅受到个人经验、兴趣爱好、价值观等的影响，个人在网络空间的言论与行为也必然会受到他在现实社会中的地位、环境及行动的影响。

在网络信息技术发展、新媒体不断涌现的现代社会，突发动物疫情公共危机的产生与发展，与新的网络人际互动方式有着不可分割的联系。在网络空间中，无论是利益相关者还是利益不相关者，都有可能以某种身份表达和传播与疫情相关的信息，形成突发动物疫情公共危机网络舆论，因此突发动物疫情公共危机网络舆情是因网络而形成的互动方式，人们利用网络可以实现自我呈现、自我体验，甚至自我认同，并在这个过程中表达意见、情绪和观点，利益相关者期待受创的心理能够通过这种特殊的方式得到抚慰和支持，期待受损的利益得到补偿。因此，掌握网络人际互动的特征，是化解突发动物疫情公共危机的必要途径，更是进行网络舆情引导的前提。

四、心理学基础理论

（一）从众心理理论

从众心理又称为盲从心理，一般是指个体在社会群体的无形压力下，不知不觉或不由自主地与多数人保持一致的一种社会心理现象（沙莲香，2011），这是在社会中普遍存在的一种心理现象。波兰籍社会心理学家阿施从1951年开始从事从众心理的实验研究，经过多次实验，他证实了大多数人在确信多数人的判断是错误的时候，并不能坚持自己的观点独立判断，而是选择与大多数人保持一致。这个实验说明大多数人在信息模糊情境下，群体的压力会迫使个体屈从。从众心理有几种表现形式：一是表面服从，内心接受；二是表面服从，违心服众；三是完全随大流，内心谈不上接受与不接受。从众心理可能会给个人或社会带来消极或积极的影响。就个体而言，从众心理可能导致个体的个性消亡，扼杀个人创新的勇气，有时从众也可能使自己丧失理性判断，盲目跟风；对于社会来说，从众心理不仅会减少社会创新，也因为从众能够给个体带来匿名感及责任逃避感，所以在从众心理的驱使下，有些不文明、不理性的社会现象或行为容易感染与蔓延。当然，从众心理有时也会产生一定的积极影响，如个体自觉接受社会上好的品德与习惯，共同选择同一良好行为模式，这有利于良好社会风气的形成。

有关从众心理产生的机制，有学者从群体因素、情境因素及个人因素三个层面来分析，认为在一个规模巨大、凝聚力相对强大及群体意见趋于一致的群体中，从众心理更易产生。就情境而言，越是情境模糊不清、群体中权威人士的影响力越大，从众心理越易产生，同时智力低下、判断力弱、自信心不足、自我评价低及对群体依赖度高的个人更容易产生从众心理。

在网络空间中，由于虚拟技术构造了一个独特的拟态现实和文化空间，这个空间中信息量大、互动性强、网民人数众多，而且网民可以在网络中以隐匿的甚至多重的身份存在，因此网民更容易表达自己的观点。加之现阶段有关约束和规范网络行为的制度尚不够完善，因此网络空间中的秩序相对混乱，情境相对模糊，网民更易出现从众行为。在突发动物疫情发生后，无论是养殖户还是消费者，或是经济遭受损失的个体，或是心理受到冲击的个体，都希望能够获得某种抱团式的安全感，因此他们可能通过网络、手机等各种渠道链接和需求支持，发泄和表达自身的恐慌及意见，遇到有相同意见或态度的群体时他们可能会追随，遇到意见可能不完全一致的群体时他们可能会动摇。在这种情境下，从众心理、盲目跟帖跟风的现象不可避免。因此，了解从众心理的特征，有助于分析养殖户、消费者等网民的心理特征；分析从众行为的产生机制，可以有的放矢地引导利益相关者，达到既消除恐慌解决公共危机，又能引导舆论、净化网络空间的目的。

（二）沉默螺旋理论与反沉默螺旋理论

沉默螺旋理论是德国传播学家伊丽莎白·诺尔-诺依曼在研究历史的过程中，经过多年民意调查实证研究于 20 世纪 70 年代提出的。她在 1974 年《传播学刊》上发表了题为《重归大众传播的强力观》的论文，在文中她首次提到了沉默螺旋理论，之后在 1980 年发表的《沉默的螺旋：舆论——我们的社会皮肤》一文中又进一步发展了该理论。这是一种描述舆论是如何形成的理论假设，它描述了这样一个现象，即人们在表达自己的意见和看法的时候，往往会审量一下别人的观点，当他看到周围大多数人与自己有一致的意见或观点时，就会积极地参与进来，对这类受到大多数人赞同的观点就越敢大胆地发表和扩散；而当他意识到自己的意见、观点与周围大多数人的观点不一致的时候，此时大多数人即使能坚持自己的观点，但是会选择沉默。当人们都这样做的时候，选择沉默的一方会由于人数众多从而造成意见统一或者为赞同人数多的一方增势，当网民如此循环往复的时候，便使得其中一方的声音越来越大，另一方的声音则越来越小，类似螺旋发展的一个过程，这个过程和现象被称为沉默螺旋理论。

沉默螺旋理论指出了个体害怕被孤立而采取沉默策略所形成的舆论心理与舆论态势。它所解释的这种社会心理及其引发的舆论现象在很长一段时期内为人们所认可。但是到了新媒体时代，网络空间中的意见表达在一定程度上呈现出了一种反沉默螺旋现象。网络上出现了许多虚拟社区，这些虚拟社区为网民自由而开放的交流思想提供了平台。网络平台的开放性，使得意见少数派的部分网民并不会一味地选择沉默，他们不会因为与大众传媒或者是大多数网民意见相左而隐藏自己的观点，而是坚持己见，越来越敢发言。随着相互交流的深入，传播过程中少数人所持有的观点也可能为越来越多的人所接受，这就为持少数派观点的人数追赶甚至超过多数派意见的人数创造了机会，使得沉默螺旋发展逆转，形成反沉默螺旋的态势。

沉默螺旋理论与反沉默螺旋理论为我们认清网络互动中网民的互动心理、判断和分析舆情发展的态势、把握舆论引导的方法等都具有重要的意义。在突发动物疫情公共危机发生后，互联网信息传播平台中必然会出现各种意见与态度，而且这些信息通过互联网可以很快传播到世界各地，并引发更多人参与讨论，形成网络舆情。沉默螺旋理论提醒我们要对舆论进行分类与评估，了解发展意见网民的心理，判断舆情发展趋势。同时，在做决策时不能盲目相信舆情，因为在舆情的表象下隐匿着大量沉默的网民。当然，在网络传播环境下，突发事件发生后，大多数网民是具有较多选择和自主性的主体，尤其是意见领袖，他们可能更为活跃与自由，因此借助意见领袖的作用，持少数意见的人在传播过程中可能更为勇敢地表达自己的意见和观点。这提醒舆情引导的主体，当舆论呈现出某种不利趋势时，要能够提出相左的意见和观点，以引导“中坚分子”和壮大意见队伍。

（三）生命周期理论

生命周期理论（life-cycle approach）是卡曼在1966年提出来的，随后赫塞与布兰查德在其基础上对该理论又进行了进一步的发展。这个理论以事物发展的四分图理论为基础，此后发展为一种经常使用且应用非常广泛的分析工具，其在很多学科中都有应用，如经济学、管理学、心理学及图书情报学等，且适用性非常强，逐步形成了较为成熟的产品生命周期理论、组织生命周期理论和危机生命周期理论等。

产品生命周期理论（product life cycle，PLC）是哈佛大学教授Raymond在1966年提出来的，他在《产品生命周期中的国际投资与国际贸易》一文提出并发展了该理论（Raymond，1966）。他认为，产品可以分为导入、成长、成熟和衰退四个阶段。这四个阶段的划分为企业制定和执行产品经济策略提供了较为有利的理论指导，使得企业在制定各种营销策略时可以考虑不同阶段的产品特点，从而可以有效提高产品的销售量及营销效率，达到增强企业实力和竞争力的目的。后来，这一理论被不断推广应用到组织理论及管理学领域中，形成了组织生命周期理论及危机管理的危机生命周期理论。

1972年，格林纳提出了组织生命周期理论，他认为组织的成长和发展可以呈现出五个阶段的成长过程，它们分别是创业、聚合、规范化、成熟、再发展和衰退等。随后，格林纳又进一步将组织生命周期理论发展为六阶段，认为组织的生命周期会依次经历创造阶段（即组织诞生初期）、指令阶段（即组织持续成长期）、授权阶段（即组织中年期）、协调与监督阶段（即组织成熟初期）、协作阶段（即组织成熟后期）、外部组织解决方案等。组织在不同的阶段中，其成长和发展所呈现出来的特征是不一样的，如组织的结构、组织所运用的管理体制、组织中领导的管理方式及员工的心理特征和素质都会呈现不同的特征。组织生命周期理论的提出，提醒管理者当组织面临危机时，应注意组织的不同特征，从而对其采取的应对策略也会有所侧重，以推动组织的持续健康发展。

斯蒂文·芬克于1986年出版了《危机管理：对付突发事件的计划》，在该书中，他首次提出了企业生命周期理论（Steven，1986）。他在书中指出，企业危机在从出现到最后结束的过程中，每一个危机因子都具有各自的特征，企业危机在发展过程中可以分为危机的形成阶段、爆发阶段、扩散阶段、处置阶段、处置后及后遗症阶段，危机发展的整个过程就如同人的生命一样，经历诞生、成长、成熟和死亡等阶段，每个不同的阶段都具有一定的生命特征。同时，他还指出，危机发展的各个过程并一定呈现出线性的发展，它会有一个不断反复的过程，对于危机管理者而言，越早发现危机端倪，就越能更好地控制危机和消解危机。该理论认为，在危机从出现到结束的过程中，危机因子具有不同的个体特征。

综上，无论是哪个学科领域的研究者，应用生命周期理论的目的都在于揭示不同事物或现象的发展规律，寻求研究主体在发展过程中呈现出的周期性的规律或者周期性的生命轨迹。同时，有学者指出，这些研究主体在不同的生命周期阶段中呈现出不同的特征，通过辨识不同阶段和生命周期中显现的特征，可以采取差异化的应对措施。当然，事物的发展并不是线性的，且会受到多种因素的影响。突发动物疫情公共危机网络舆情的发展同样具有与生命周期性类似的发展规律，在相关的研究中，学者已经运用了生命周期理论对网络舆情的发展周期进行了分阶段的解读，如兰月新、邓新元、党生翠等关于网络舆情的三阶段论、四阶段论乃至六阶段论的划分，都有利于本书对网络舆情演化机理的分析和总结。

第三节　网络舆情对突发动物疫情公共危机演化的影响分析

一、近年我国动物疫病的发病情况

目前人类有 200 多种传染病，其中人兽共患病有 90 余种，自 20 世纪 70 年代以来，新出现的人兽共患病就有 30 多种。据研究，不少新出现的引起人类严重疾病的病毒都来自野生动物，特别是来自热带和亚热带地区的野生动物，且旧的疫病尚未有效控制，新的疫病却不断发现。2015 年 1 月 21 日《农民日报》第 7 版的刊文总结，我国近十年来动物疫病存在以下一些特征："病原变异、感染谱变化、病症非典型化。无毒力或低毒力病毒经过适应性进化，增强了对宿主动物的致病力，引发临床发病。……环境和免疫压力的影响，畜禽群中免疫水平不高或不一致，病原发生变异，使原有的旧病以新的面貌出现，病症出现非典型化特征。……

疫病种类多、危害性大，疾病谱发生变化。耐药菌群、变异株、超强毒株、高致病株的大幅出现使病型增多。……动物传染病由过去细菌性疾病为主转变为现在病毒性疾病为主……并发病、继发感染和混合感染特征明显。家禽肾病综合症主要由传染性支气管炎病毒肾病变型、传染性法氏囊病病毒、禽肾炎病毒引起。猪繁殖障碍性疾病往往可同时分离出细小病毒与伪狂犬病毒，蓝耳病病毒与伪狂犬病毒，伪狂犬病毒与猪瘟病毒，猪瘟病毒与蓝耳病病毒；猪呼吸道病综合症由多种病原混合感染形成。”总之，尽管防控疫病的科技水平越来越高，但是动物疫病本身也在发生变化，新的动物疫病及其新的病症也在不断出现，这提醒我们不能对动物疫病的防控掉以轻心。

自 2010 年 3 月起，农业部网站应急管理栏目“疫情发布”板块就开始发布各省区市报告的疫情疫病，笔者对 2010—2016 年 5 月的动物疫情数据进行了整理，具体情况见表 2-2。

表 2-2 2010—2016 年 5 月动物疫情状况统计表 单位：头（只）

年份	主要疫病种类	染病动物	染病数	病死数	无害化处理数
2010	O 型口蹄疫、小反刍兽疫	猪、牛、羊	2 492	94	16 510
2011	O 型口蹄疫	猪、牛	823	335	9 328
2012	O 型口蹄疫、H5N1 亚型高致病性禽流感	牛、鸡、猪	49 901	8 208	338 469
2013	A 型口蹄疫、O 型口蹄疫、小反刍兽疫、H5N2 亚型高致病性禽流感、H5N1 亚型高致病性禽流感	牛、鸡、猪	2 606	4 272	131 882
2014	A 型口蹄疫、O 型口蹄疫、小反刍兽疫、H5N6 亚型高致病性禽流感、H5N1 亚型高致病性禽流感	猪、牛、羊、鹅、鸡	25 865	60 993	972 230
2015	H5N6 亚型高致病性禽流感、H5N2 亚型高致病性禽流感、A 型口蹄疫等	牛、鸡、鸭、鹅、猪、黑天鹅、孔雀、奶牛等	46 862	19 364	215 257
2016	O 型口蹄疫、H5N6 亚型高致病性禽流感、H5N1 亚型高致病性禽流感	牛、鸡、猪、黑天鹅、孔雀等	24 434	23 535	67 328

由表 2-2 可知，我国动物疫病的病种总体上还是比较多的，而且病原较为复杂，动物疫病发生和流行范围较广。口蹄疫、高致病性禽流感等重大动物疫病仍在部分地区存在。随着时间的推进，我国动物疫情报告有以下一些特点：一是各地报告的染病数及病死数总体呈现出上升的趋势，尤其以 2014 年、2015 年居多，并且有一定的大小年现象；二是报告染病的动物种类呈现出增多的趋势，这一方面说明我国的动物疫情复杂，染病的动物种类在增多，另一方面说明我国动物疫情检疫所覆盖的范围在不断扩大；三是动物疫情的种类总体上也在增多，这一方面说明动物疫情的病毒变异速度在加快，另一方面说明我国动物疫情检疫的类型

也在增多。总之，随着我国畜牧业的不断发展，畜牧业经营的规模正逐步增大，一些地方畜牧业的养殖密度还在经济利益的驱使下不断增加，畜禽感染疫病的机会也就自然而然地在不断增多，一些新的病原变异概率在增大，发生动物疫病的风险也在不断增加。研究表明，动物疫病大多可以传染给人类，大约有75%的人类新发传染病来自畜禽或者动物源生性食品。因此，必须高度重视动物疫病并加强防控。

二、突发动物疫情引发的公共危机

近年来，突发动物疫情引发的公共危机事件时有发生。在这些危机中，有些是动物疫情本身所致的，有些是动物疫情引发的。例如，2003年的SARS疫情，其病源一般认为是野生动物（如果子狸、中华菊头蝠等），其影响到我国绝大多数省份，这场危机使得我国的旅游业、交通运输业、航空业、娱乐餐饮、零售等各行各业都遭受了严重损失。据估计，2003年因SARS疫情造成的损失高达2100亿元之多（韩兆洲和金怀玉，2003），总之，这是一场对我国的经济、政治、社会都造成了很大影响的综合危机。2013年的H7N9禽流感事件，从江苏、浙江等地迅速扩展至国内10个省市，其间共报告感染人数100多人，死亡人数36人。禽流感事件发生后，肉鸡和鸡蛋市场的需求骤然减少，这些家禽的价格大幅下降，雏鸡和活鸡的销售市场严重受阻，所造成的经济损失巨大。根据新华社在2013年4月16日的报道，禽流感的发生对我国家禽业造成了重大冲击。中国畜牧业协会初步测算，截至2013年4月15日，肉鸡鸡苗的直接损失超过37亿元，活鸡及鸡肉产品的销售损失已经超过130亿元。此后，几乎每年都有出现影响或大或小的禽流感事件。

事实上，纵观近年来的动物疫情公共危机，无论是源发的突发动物疫情事件，还是动物疫情引发的衍生公共危机，都在一定程度上受到网络舆情的影响，在某些情况下还扩大了危机事态，加大了危机管理的难度。随着网络的普及，公民用网率大幅上升，各种突发事件在网络及网民的推动下其影响不断扩大，突发动物疫情公共危机出现了一些新的特征，如危机呈加速度扩散、利益关系更为复杂、事件的参与度与关注度不断增加、突发事件呈现扩大效应等。

总之，在网络新媒体时代，突发动物疫情公共危机不可避免地受到网络的影响，大多数时候会以一定的网络舆情事件爆发或体现出来，动物疫情公共危机的演化受到网络舆情演化的影响，其发展路径基本一致。那么，网络舆情在突发动物疫情公共危机演化中究竟发挥着何种作用？有着什么样的影响呢？

三、突发动物疫情公共危机演化中的网络舆情

（一）网络舆情是构成突发动物疫情公共危机的起因之一

并不是所有突发动物疫情的发生都会引发公共危机，根据有关公共危机的定义，只有当突发动物疫情所造成的损失或影响达到一定程度，或对人们的生活产生较为严重的影响时，才能称其为危机。而突发动物疫情发生后，引起突发动物疫情转化为公共危机的因素众多，如不断扩散蔓延的疫情。如果疫情没有得到有效的处置和防控，那么疫情本身的发展和扩散很可能会使得其所影响的养殖户、经营户、消费者等的数量越来越多；或者即使疫情得到了一定程度的控制，但是疫情给养殖户或养殖业带来了巨大的经济损失或给国家、政府造成了不良的影响，致使政府形象、国家形象受到损害；或者随着疫情的发展，公众对于突发动物疫情的关注度越来越高，这种高关注度是因为突发动物疫情不仅涉及养殖户及养殖行业的经济利益，而且其与公众的健康息息相关（如餐饮健康、身体健康甚至心理健康），因此从一开始就有可能受到公众的关注。在网络社会中，公众的关注不断汇集并且相互感染，最终形成规模较大的关注群体与舆情。这些聚集的公众、关注度及民情民意等，本身也可能构成一种公共危机。因此，在突发动物疫情发生后，网络舆情是构成公共危机的起因之一。

（二）网络舆情是推动突发动物疫情公共危机发展的因素

网络舆情就是民众通过互联网对政府管理及现实社会中的各种现象、问题所表达的政治信念、态度、意见和情绪的总和（范鹏等，2006）。在互联网提供的相对自由和开放的空间中，人们越来越习惯于在互联网上表达情绪、观点及利益诉求，习惯于在互联网中寻求与自己有相同观点和相似利益的个人及群体，并融入其中，受其感染的同时感染更多的人。在突发动物疫情发生后，如果在官方或传统的信息渠道中，利益相关人无法获得相关信息或者得不到相应的情绪和利益表达机会，他们就会转而利用新媒体做上述事情。养殖户会通过网络搜索有关疫情信息和补偿政策，交流如何降低损失与疫情防控信息；经营户会通过网站了解和交流与动物疫情相关的市场信息；消费者会关注因动物疫情影响到的食品安全和社会秩序；媒体与公众同样会关注动物疫情的发展。在这个过程中，如果网络舆情控制与引导不到位，夸大动物疫情的染病区域，谎报动物疫情防控措施，虚报动物疫情影响与损害，造成谣言满天飞，不仅不利于突发动物疫情的防控，而且

很有可能引发公共危机。

（三）网络舆论可能放大突发动物疫情公共危机的效应

突发动物疫情的发生不可避免地会对养殖户、经营户、消费者造成一定的经济损失及心理伤害，在某种程度上也会对社会公众和社会秩序造成一定的影响。在传统社会，信息传播渠道有限，突发动物疫情所造成的影响往往局限在一定区域和一定层次内。但是，在新媒体时代，网络技术的发展使得信息传播的速度加快，同时打破了信息传播的地域，甚至在一个偏僻的小地方，只要网络互通，都能够在瞬间与外界联系起来，信息也会在瞬间传递。因此，当突发动物疫情公共危机爆发后，它所影响的范围就不再限于疫情区域，还可能扩展到全球其他的地方。另外，在现代社会，人们的权利意识和法律意识越来越强，为了维护自身的利益与权利，民众会竭尽全力。但是，当人们这样做的时候，在网络空间中的信息快速流动，在流动的过程中又有可能会出现部分扭曲与放大，因此，突发动物疫情所影响的人及所影响的区域不可避免地会扩大。此外，在市场经济条件下，新媒体的逐利竞争和对网民注意力的争夺，使得新媒体网络平台有时会对事件做渲染性报道，部分媒体对新闻事实突出说、对客观数据夸大报，有些甚至故弄玄虚、捕风捉影，这无疑会扩大突发动物疫情的影响范围。

当然，以上所述的主要是网络舆情对突发动物疫情公共危机产生与发展的影响，尤其是负向的影响。网络舆情既有可能是公共危机的催化剂，也有可能是公共危机的灭火器。网络舆情引导得当，网络承担起正向宣传、知识传播及辟谣途径的任务，网络空间清正明朗，对于突发动物疫情公共危机的化解也是非常有利的。总之，要预防与化解突发动物疫情公共危机，减少和缓解动物疫情公共危机带来的损害，必须科学分析网络舆情，做好网络舆情引导。

第三章　突发动物疫情公共危机网络舆情演化机理

本章通过对典型突发动物疫情公共危机网络舆情的具体案例进行分析，阐述突发动物疫情公共危机网络舆情演变的生命周期，总结网络舆情的演化机理，具体提炼了三条网络舆情发展路径和三类动因机理。

第一节　典型案例及其网络舆情演化

一、案例 1：H7N9 禽流感事件网络舆情分析

H7N9 禽流感病毒是 2013 年新发现的人感染禽流感病毒，此前只在动物间发现，一直比较温和，并不具有高致病性，但是这些病毒几乎每年都在变异，不仅使之前的疫苗失去效果，而且成为一种人畜共患的急性传染病。H7N9 禽流感可以分为高致病性、低致病性和非致病性三类。高致病性禽流感病毒主要通过空气、粪便、饲料和饮水等进行传播，人如果接触到病禽的粪便、分泌物等都有可能传染病毒。人感染禽流感病毒主要是通过呼吸道传播，而且任何年龄都有可能感染，12 岁以下的儿童发病率较高。而且，人感染禽流感后，可能是单纯性流感，也可能并发肺炎或严重并发症，从而引发患病者急性呼吸急迫综合征等，甚至危及生命。H7N9 禽流感所具有的这些特性，使得该病毒一旦爆发，不仅会给相应的利益主体带来经济损失，而且可能在网络空间中掀起一场舆论高潮。

卫生部（现国家卫生健康委员会，后同）于 2013 年 3 月 31 日通报的上海和安徽发现了 3 例人感染 H7N9 禽流感病例。同时，有媒体报道上海的禽流感患者

经抢救已经死亡，由于此事是在上海黄浦江上游死猪漂浮事件发生后不久，因此马上引爆了网络。在短期的几个小时之内，就有新浪、网易等各类媒体数千条新闻增加，4 月 8 日达到第一轮舆论高峰，从媒体指数来看，最高时达到了网络新闻 24 000 多条，禽流感也开始在华东四省甚至辐射到其他周边地区，在这个阶段，“禽流感再袭”“如何应对禽流感”等各类正面和负面的网络新闻同时存在，政府、医药公司、金融机构、专家等各抒己见，各自从自身的角度提出防控禽流感的意见，因此不需要戴口罩、禽肉煮熟透再吃等各种防治禽流感的知识在网络上不断出现，4 月 11 日以后，舆论慢慢走向消解。

然而到了 4 月 15 日，事情又发生了转机，和讯等媒体一则题为《禽流感北上》的新闻又重新吸引了网民的注意力，而且疫情疫病的发生越发严重，到 4 月 16 日，全国共确诊 78 例人感染 H7N9 禽流感病例，死亡人数达到 16 人。与此同时，网络上出现了不少有关防治攻略的新闻，因此在该阶段出现的舆情高峰，又逐渐走向消解。

二、案例 2：多管齐下平息埃博拉病毒事件网络舆情分析

相关资料显示，埃博拉病毒出血热是人及灵长类（猴子、大猩猩及黑猩猩）的一种严重致命疾病。埃博拉出血热于 1976 年首次在非洲被发现，主要在乌干达、刚果、苏丹、科特迪瓦、南非、几内亚、利比里亚、塞拉利昂、尼日利亚等非洲国家流行。埃博拉病毒属丝状病毒科，其中部分病毒对人致病。受埃博拉病毒感染的大猩猩、黑猩猩、猴、羚羊、豪猪等野生动物可为首发病例的传染源。与传染病毒的患者及被感染动物的血液、体液、分泌物等的接触，是传染的主要途径。人类对埃博拉病毒的感染属于易感染型，而且可以通过人传播人的方式，在一定范围之内传播。人类感染该病毒后的潜伏期一般为 2～21 天，感染该病毒后，一般会出现发热、头疼、恶心等症状。人与人之间的传染是因直接接触（透过皮肤伤口或黏膜）到被感染者或其尸体之血液、分泌物、器官、精液，或是间接接触被感染者体液污染的环境（如衣服、床罩或针头等）。感染该病毒后的死亡率达到 90%以上，而且一旦发病，死亡速度较快，一般在发病后 12 天内死亡（7～14 天），且目前尚无特定抗病毒治疗方法。因此，人类对该病毒的恐慌是有理由的。由于该病毒长期以来只在非洲等个别国家出现，因此并未引起各国较高的关注。

2013 年 12 月，几内亚出现埃博拉出血热疫情，逐渐蔓延至非洲甚至美洲。世界卫生组织统计，截至 2014 年 10 月 8 日，各国共报告病例 8399 例，其中死亡 4033 例。尼日利亚和塞内加尔分别自 9 月 5 日和 8 月 29 日之后无新发病例报告。

这是迄今为止最严重的埃博拉疫情暴发记录。9 月初，刚果出现一起埃博拉出血热暴发疫情，共计报告 71 例，其中死亡 43 例。

随后，“神秘埃博拉”“致命埃博拉”“死神埃博拉”“埃博拉恐慌”“埃博拉离我们只有一飞机的距离”“埃博拉无克星”等字眼出现在各类媒体的新闻标题中，与此同时，网络上开始流传广东开始出现埃博拉病毒感染者的新闻，让国内有关埃博拉的讨论进入了白热化时期。2014 年 7 月 31 日，出现一个有关埃博拉病毒讨论的高峰期。

在有关埃博拉病毒相关谣言传播的过程中，政府危机管理部门、媒体等积极应对，通过发布权威新闻进行辟谣，宣传有关埃博拉病毒的科学知识，提高网民的防护意识，消除公众恐慌。同时，有关埃博拉病毒疫苗正在中国和美国研制的消息也在新闻中出现，有关我国研制埃博拉病毒检测试剂获批生产的新闻出现，人们对埃博拉病毒防治知识的了解越来越多。埃博拉病毒尽管在非洲继续发展，但是国内公众的恐慌开始有所减退，新闻报道量逐渐减少。

2014 年 10 月 1 日，新闻报道美国本土确诊第一例埃博拉患者，同时俄罗斯、英国、法国等欧洲国家开始传出有埃博拉病毒传入的新闻，网络媒体又出现了一波报道高潮。

国家质量监督检验检疫总局自 2014 年 8 月初起，开始发布埃博拉出血热疫情防控工作每日情况报告，对世界卫生组织通报的埃博拉情况进行通报，同时对有关国家和地区埃博拉防治情况进行总结，包括边境关闭情况、航空限制情况、旅行限制情况、机场检疫、口岸监测、主动申报、操作指南及归国者隔离要求等，共报告了 190 期。同时，网络媒体也发布了一些科学防范知识、社会舆论引导文章等。

第二节　突发动物疫情公共危机网络舆情演化的生命周期

根据前文的分析我们知道，要分析突发动物疫情公共危机网络舆情演化的机理，需要对突发动物疫情公共危机网络舆情的发展演变进行阶段性划分。由以上关于 H7N9 禽流感事件及埃博拉病毒事件网络舆情的分析，我们可以发现一些共同的特征，即网络舆情事件是一个从无到有、再从有到消的周期性变化过程。根据生命周期理论，本书认为，突发动物疫情公共危机网络舆情的发展是一个随着时间推进而不断演变的函数，可以围绕时间（t）及网络舆情消长的状况形成一条

抛物曲线 S_1，通过对以上案例的分析可知，这条抛物曲线 S_1 明显地呈现出阶段性特征，本书将其划分为舆情形成（OA）、舆情发展（AB）、舆情变异（BC）和舆情消解（CD）四个阶段（图 3-1）。

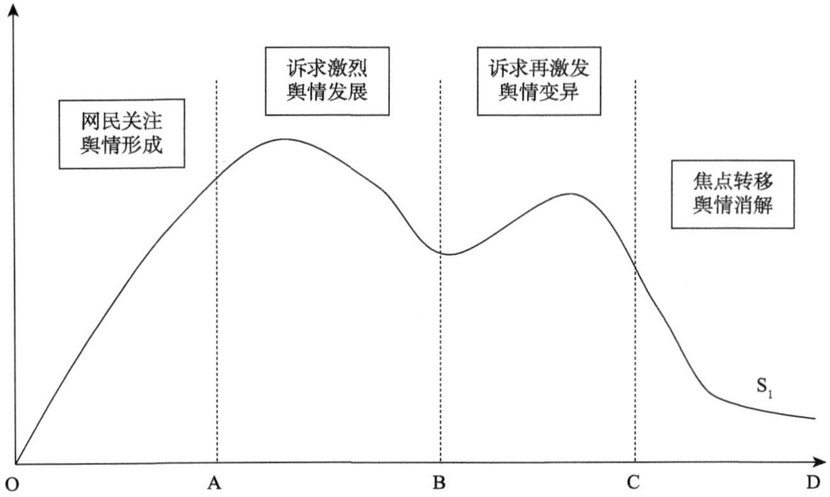

图 3-1　基于生命周期理论的突发动物疫情公共危机网络舆情发展阶段

一、舆情形成阶段

舆情形成阶段指的是突发动物疫情事件发生后，由于事件本身与公众的生活及切身利益有密切的关系，其具有较强的刺激性和敏感性，容易引起公众的关注，公共性特征明显。例如，上海黄浦江上游死猪漂浮事件中，由于松江段水域出现大量漂浮死猪，让相关公众担忧水质变化、环境污染及病死猪对食品安全的影响等，这些刺激性的信息挑动着网民的敏感神经，使得相关信息很快在网络平台中大量且迅速散播，各类观点在网络中碰撞、汇合，无论是网络意见领袖还是普通网民，都急于通过网络了解事件真相，短期内形成了舆情事件。在部分了解或者还没有了解事件真相的情况下，依托部分信息就在网络上表达某种情绪、态度和意见，引起公众对事件的关注，危机网络舆情逐渐形成。当然，在这种情况下，尽管网络平台或者网络论坛空间是网民多元信息共生共享的集散地，但是毕竟信息并不集中，而且刚开始网络声音还处在一种零散、碎片化及并不统一的状况之下，各方主体往往会根据自己对事件的理解和认知在网络上搜索信息，思考和参与事件的讨论，或进行某种情绪的表达，因此，关于突发动物疫情的网民情绪、网民意见和网民态度会逐渐地形成共识，关于该突发动物疫情事件的网络舆情也才能正式形成。同时，由于突发动物疫情事件具有公共性、危害性等特征，网民通过网络平台或者其他途径获取到有关该类事件的信息后（无论该信息是否真实），很容易在网络平台上发酵，引起网民的恐慌情绪，在一定程度上推动网络舆情进一步发展。

二、舆情发展阶段

舆情发展阶段主要指的是当突发动物疫情事件发展到一定阶段或者网络平台上公众关于该突发动物疫情事件的情绪、态度和意见等达到一定阈值之后，网络舆情进入一个爆发阶段。突发动物疫情中的涉事主体（如政府危机管理部门、利益相关者等）、大众媒体、意见领袖及普通网民等都会利用自己所掌握的信息资源，通过各种渠道参与事件的讨论，表达自己的意见和观点。在这个阶段，网民受到事件的推动或者网络平台情绪的感染，他们积极参与网络讨论，大量传播网络信息，积极表达自身诉求，不断推动网络舆情的发展。在网络空间中，大量相似或者对立的观点迅速集聚并产生共振，爆发出雪崩效应般的舆情威力，就进入了舆情高涨的阶段。我们从相关案例中可以发现，这个阶段的出现往往需要某个或者某些影响因子，如有关该疫情造成人员的伤亡、严重的经济损失、政府部门的消极回应等，网民通过对这些影响因子的自我判断和自身利益的评判，会以自身的回应来应对这些因子的刺激。例如，在有关埃博拉病毒的案例中，当网民还认为埃博拉病毒尚在非洲肆虐的时候，他们只在网络上表达对该病毒流行的一般情绪，但是当有新闻报道出香港开始出现一例疑似感染者时，网民似乎觉得埃博拉病毒不再离自己很远，当了解到该病毒的死亡率及死亡速度等信息时，网络中的恐慌迅速蔓延。当网民表达利益诉求的情绪不断高涨，网络上的公众舆情很快就达到了“燃烧阈值”，打破了原有的信息平衡和稳定，舆情瞬间扩大升级。同时，这些事件中出现的中介因子在直接推动事件不断蔓延的同时，如果这些因子没有得到有效的处置可能产生一些负面影响。例如，死亡人数不断攀升，经济损失进一步扩大，或者政府部门的消极应对没有得到有效改善且影响不断扩大，那么整个舆情发展的时间将会更为持久。在舆情爆发阶段，网络舆情迅速发酵升温，其非理性、群体极化现象不断出现，网民情绪化及各类负面新闻和言论现象普遍存在，对社会秩序的影响也是较大的。各类媒体网站往往会通过设置一些互动平台以集聚人气，或者通过某些专题报道和问卷调查等方式，来捕捉网民的情绪或者跟踪报道事件的发展情况。网民会在碎片化信息中感到强烈的无序感，进而引发无知错觉刺激下的非理性行为或过激行为（党生翠，2013），各种思辨剧烈碰撞，将舆情推向高潮。此后，当突发动物疫情事件网络舆情进入舆情高涨发展阶段之后，从时间上看，相较于舆情的形成阶段，该阶段时间一般会持续得较久一些。然后有可能会走向消解阶段，或者在某种特定因子的作用下，会再次高涨，进入舆情变异阶段。

三、舆情变异阶段

舆情变异阶段指的是在事件或环境等多种因素的影响下，网络舆情的发展偏离原来的轨道而出现的变化。具体来说，变异包括两种情况：第一种情况是，随着事件的不断升级，网络舆情一般也会不断上涨，但是由于出现某种特殊原因，舆情并未如预期中与事件相伴正常上涨，而是其关注度陡然下降，随后又出现一定反弹，直至消解；第二种情况是，网络舆情并未随着时间或事件的发展而进入预期的消解阶段，而是在某个特定的时机或特定的事件、信息爆出后，网络舆情重新上涨，冲出原来应走向消解的轨道，引起网民的重新关注。在以上几个案例中，都出现过类似的情况。例如，在埃博拉病毒抗击过程中，网络舆情本应在 2014 年 8 月底随着中国政府、公共卫生防疫部门的理性介入，网民的关注度逐渐下降，但是随着 2014 年 10 月 1 日美国本土出现确诊案例后，有关感染该病毒的谣言再次出现在网络上，网民的关注度因此再度高涨，这是网络舆情变异的表现。

四、舆情消解阶段

舆情消解阶段指的是突发动物疫情公共危机网络舆情在经过形成、发展、变异等阶段之后，网民开始从对该事件的焦点上转移，对该事件的关注度下降，体现为网民围绕该事件的讨论逐渐减弱、态度越来越趋于平和、发帖数和跟帖数越来越少，所以事件的影响力也逐渐减弱，网络舆情趋于回落和弱化的状态，进入一个相对稳定回落的时期。但是，舆情消解并不意味着网民对该事件关注的彻底消失，网络舆情的消解就像事物的发展一样，都存在着一个走向衰落的必然趋势。在上述案例中，上海黄浦江上游死猪漂浮事件因为专家的介入、当地政府采取拦截死猪、无害化处理及关停养殖场、相关专家辟谣等多种措施，随着死猪得到无害化处理，相关的食品安全得到一定的保障之后，网民对该事件的恐慌情绪开始趋于缓和。H7N9 禽流感事件发生后，公共卫生防疫部门及政府部门采取了一系列有力措施控制疫情的扩散，并且采取了信息公开、及时报告禽流感的防控状况等措施，公众对该事件的反应越发趋于稳定和理性，因此，舆情很快趋于平静。当然，当今世界，各种突发事件时有出现，公众对于其他舆情热点的关注可能会冲淡对突发动物疫情的持续关注，因此网络舆情逐渐走向衰落是必然趋势。但舆情并不会彻底消失，而是会保持在一个比较稳定和协调平衡的状况下，一旦有相关的事件或者特殊的刺激条件出现，网民的关注度也有可能会再次高涨，进入下一个舆情周期。

第三节　突发动物疫情公共危机网络舆情演化路径

本书按照前述四阶段模型对突发动物疫情公共危机网络舆情在各阶段的演化特征及规律进行剖析，进而全面地掌握突发动物疫情公共危机网络舆情的演变过程及其演变特征，深化对突发动物疫情公共危机中网络舆情演化机理的认识，为科学有效地做好舆情引导提供参考。

通过以上案例网络舆情形成过程及发展规律的分析可以得出的结论是，网络舆情热点的出现是有一定规律可循的，发现和掌握这些规律就可以对网络舆情的发展趋势进行精准预测。

一、突发动物疫情公共危机网络舆情的演化路径

（一）舆情形成路径：刺激—反应

舆情形成路径是指解释突发动物疫情公共危机网络舆情的形成过程。舆情形成机理作为整个演化机理体系的起点，是相关网络舆情发展变化过程的前提和基础，直接作用于整个突发动物疫情公共危机。突发动物疫情公共危机网络舆情在形成阶段是“刺激—反应”的过程，其中，突发动物疫情事件为“刺激”，网络舆情的形成为“反应”（马颖和张园园，2013）。这个过程会受到议题性质、发布平台、解码机制等诸多因素的影响，因而舆情形成阶段的时间具有不确定性、舆情具有分散性和无序性等，这就导致处在形成阶段的舆情主要有两种走向：一是进入舆情爆发阶段，相关信息迅速引爆舆论场；二是进入舆情衰退阶段，整个事件逐步消退，淹没于信息洪流之中。但从时量特征的角度来看，突发动物疫情公共危机网络舆情的触发虽然是一种突变的模式，但这种突变是建立在一定的社会环境、网络环境、网民及议题特征的基础之上的，形成路径具有很强的结构特性，即突发动物疫情事件议题产生之后，借助网络技术平台这个物质载体，个体对危机的信息开始散播，经

过汇聚发酵，危机信息在社群间交流碰撞，不断整合，最终形成关于突发动物疫情事件的网络舆情（图 3-2）。

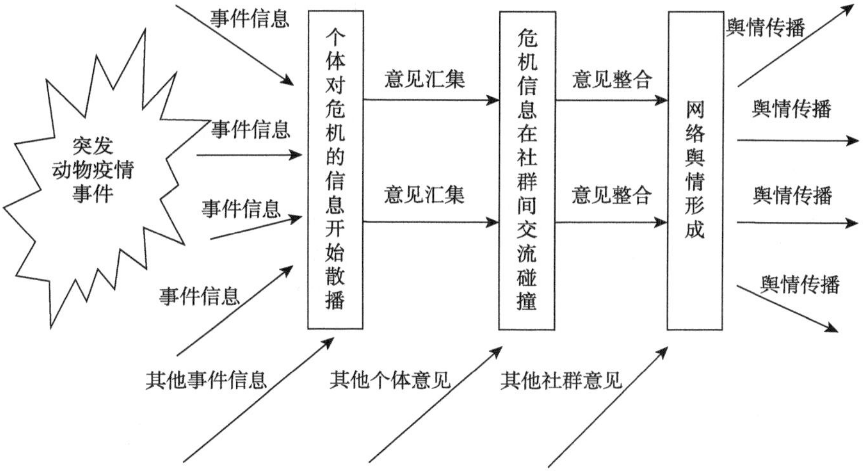

图 3-2　突发动物疫情事件中网络舆情形成路径示意图

突发动物疫情事件网络舆情的触发动因主要可以从议题性质、网民需求和发布机制三个方面进行研究。议题性质主要是考虑突发动物疫情事件的公共性、相关性、危害度及模糊性。其中，公共性是指突发动物疫情事件网络舆情具有公共性价值取向的内涵，主要考虑涉及公共利益、公共权力；相关性是指与公众自身利益相关，即所谓的感同身受；危害度主要考虑的是事件的危害级别，一般可以分为特大（Ⅰ级）、重大（Ⅱ级）、较大（Ⅲ级）、一般（Ⅳ级）四种级别；模糊性即舆情信息间的逻辑信息不明确，公众处于“知道而不熟悉，熟悉而非熟知”的网络环境之中。所以，从议题性质来看，同时具有公共性、相关性、危害度及模糊性的突发动物疫情事件，极易触发公众的敏感神经，形成“啸聚”的舆情态势。网民需求是指公众对于突发动物疫情事件信息的需求，这种需求是突发动物疫情事件网络舆情触发的原动力。网民需求主要可从两个角度思考，分别是生存的需求和发展的需求。其中，生存的需求主要包括生理需求和安全需求，指的是指突发动物疫情事件直接威胁公众的基本生存和安全，如 SARS 疫情、埃博拉疫情等，这类疫情一旦发生，必然会引起民众的高度关注，公众极其迫切地想要获知事件相关信息，了解事件真相，通过大范围的信息搜索，进而实现了社群间的信息交流碰撞。发展的需求主要包括情感归属需求、尊重需求及自我实现的需求，在突发动物疫情事件发生之后，公众借助网络技术平台自由地发表个人的观点或看法，这个过程中往往能体现出公众自身的道德素养、文化素养及社会适应能力等，通过网络这个意见集散中心的传播沟通，进而得到肯定或者否定的反馈，反馈和跟进的过程会使公众感受到自身的存在感和被认可的归属感，促使其更加积极主动地跟进并参与到舆情事件的讨论中去。发布机制主要考虑突发动物疫情事件的发布平台、发布内容、发布频率等。发布平台主要考虑首发平台及发布平台的转换，首发平台主要考虑其受众数量和受众质量，而发布平台的转换强调的是信息在首发平台生成之后能不能成功转移到其他影响力更大的社交平台，进行更高层次的传播发酵。发布内容主要考虑发布内容的真实性、全面性及连贯性等。发布频率则主要考虑发布的时间、次数，通过相关信息的数量轰炸达到引起质变的效果。

在突发动物疫情事件网络舆情的舆情高涨机理中，其触发路径主要有两条，分别是“舆情形成阶段—舆情爆发阶段”和“舆情形成阶段—舆情衰退阶段”，其触发动因主要是议题性质、网民需求和发布机制三个方面的相互作用，推动事件升温，最终形成突发动物疫情事件网络舆情。值得注意的是，这一过程可能也会涉及其他动因，如相关方反馈等。

（二）舆情发展与变异路径：集聚—扩散

舆情发展与变异路径是整个机理体系的重点，突发动物疫情事件网络舆情在爆发阶段呈现的是一个“集聚—扩散”的过程，网络舆情由隐性状态向显性状态转化，并且以多元、散落的表达方式开始集聚博弈，最终主流的观点意见会在网络平台上迅速扩散传播，形成向群体极化观点转变的态势，整个过程处在一种不断发展变化的态势之中。在突发动物疫情事件网络舆情形成之后，随着媒体的持续跟踪报道，网民深挖事件真相，网络舆情的发展不仅表现在横向空间的变化、地域特征逐步模糊化上，如地方舆情全国化、国内舆情全球化等，还表现在纵向时间涨落上。网络平台的即时性、公开性、自由化等特点，使得事件信息可以瞬间“井喷”，呈现出“快餐式”的信息特征，蝴蝶效应越发明显。网络舆情形成后，随着事件的发展，对于突发动物疫情事件的关注度会越来越高，同时网民的观点意见不断聚合，网络舆情自然也会不断地分化、合并。以时量特征的角度来看，事件的舆情热度会将其推向高潮，但这个舆情热度变化的过程并非简单的直线式的上升或者下降，更多的是表现为一种波浪式前进的运动状态（图 3-3），其中，波峰处为舆情上涨的上限，波谷处为舆情回落的下限，波峰与波谷会交替前进，且上升和回落的速度都比较快。

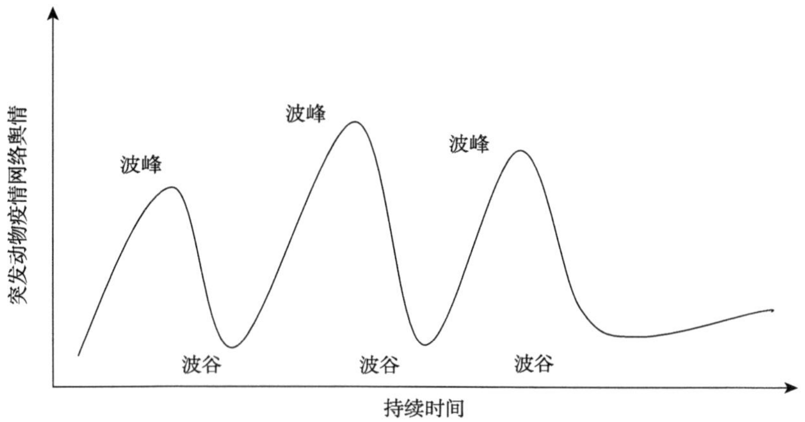

图 3-3　关于突发动物疫情事件中网络舆情的高涨路径示意图

突发动物疫情事件网络舆情触发之后进入网络舆情的高涨阶段，在这个阶段中，网络舆情的演变是一种波浪式前进的运动状态，这种状态是多种因素共同作用的结果。同形成机理类似，这个阶段也会受到议题性质、网民需求、发布机制及相关方反馈尤其是政府方面反馈的影响。在舆情爆发阶段，从议题性质来看，突发动物疫情事件作为相关网络舆情的现实根源，其刺激性越强，网络舆情就会越高涨，而且过程中一旦与过去类似的事件加以嫁接、联想，如禽流感事件中，嫁接了早前关于上海黄浦江上游死猪漂浮事件的相关报道（郭志杰，2016），直接触发了公众的敏感神经，使得舆情瞬间井喷。从网民需求来看，网民对事件真相迫切的知晓欲望会驱使其不断地去挖掘信息，一旦获取信息的渠道受阻，或权威信息失声，势必会给各种谣言和投机分子提供机会，舆情也会不断被推向高潮，甚至可能引发群体性突发危机事件。集聚效应是一个经济学术语，指的是各种产业活动、经济活动在空间上集中产生的经济效果，同时会吸引多种经济活动向某个方向、地区、事物等靠近的向心力。从发布机制来看，在舆情爆发阶段，会出现多种正反馈作用下发生的集聚效应，一旦公众浏览到了相关内容，就有评论、转发的可能，使该话题得以传播，进而被更多的公众浏览、评论或转发，话题被推至舆论排行榜的前列，这时便会吸引更多公众的关注，话题自然就获得了更高的关注度，甚至相关评论内容也会受到关注，而信息发布者和信息发布平台则通过研究公众关注的内容及其特点，继续深挖、扩展相关话题的内容，这种平台的集聚（众多媒体会争先将注意力集中转移到有限的焦点资源上）、人群的集聚（公众不断追踪相关信息，渴求了解事件真相或者试图通过舆论压力获得相关方反馈）和话题的集聚（针对话题事件会形成一定的特定用语或网络热词，成为该事件舆情的标签化用语）使得正反馈作用不断强化（党生翠，2013），引发该话题更加深入的讨论。从相关方反馈来看，基于突发动物疫情事件的特性，相关方反馈主要考虑政府方面的反馈，包括其在信息方面、相关措施方面的反馈等，其中信息方面的反馈包括对现有事件信息的公布速度、公布内容、相关情况预测及与涉事公众的沟通等，相关措施方面包括对该突发动物疫情事件采取的有效治理措施，涉及人力、财力、物力资源的调配，以及对时、度、效的控制等。

（三）舆情消解路径：失焦—迭代

舆情消解路径主要解释突发动物疫情事件网络舆情逐步走向消解的过程，但消解并不等于消失。舆情最终消解是其演变的必然结果，消解机理是指突发动物疫情事件网络舆情走向衰退的过程，但这个过程会受到事件本身的影响力度、舆情在爆发阶段的发展走势及处置效果等因素的影响。本书认为舆情消解主要有三条路径：第一种是由于该突发动物疫情事件的时间、精力、资源在前期消耗过多，导致利益相关方及网民出现了情感懈怠、相关资源缺失，不愿再继续跟踪下去，相关舆情无疾而终；第二种是事件主体积极回应舆情信息，采取有效的应对措施，事件得到很好的解决，利益相关方及网民实现了其参与的愿望和需求，主动放弃信息跟踪，舆情得到有效控制，逐步走向消解；第三种是在事件舆情进入僵持状态时，出现了新的、更具吸引力的舆情焦点，成功转移了利益相关方及网民的关注焦点，关于该突发动物疫情事件的网络舆情被其他舆情成功迭代。无论是哪一种舆情消解路径，舆情最终都会走向消解，但消解并不等于消失，舆情具有记忆功能，既有的民意创伤会使得公众对类似事件保持隐性的敏感，一旦有类似的事件再次发生，公众会迅速聚焦，“新闻+旧闻”舆情叠加出现。

通过对突发动物疫情事件网络舆情消解路径的分析，可以发现舆情消解主要有两种类型：舆情主动消解和舆情被动消解。根据消解类型的不同，其消解的主要动因也有所区别，但都会涉及突发动物疫情事件的处置效果、相关信息的公开程度及公开速度、是否有新的和更具吸引力的焦点出现、公众情感、信息资源的耗费情况等因素。就舆情主动消解类型来说，其消解动因主要在于事件的处置效果和相关信息的质量得到了公众的认可，一般认为是以政府为代表的利益相关方对事件采取了积极有效的应对措施，使得事件得到了有效控制，同时通过恰当的方式对事件信息进行及时的公开，满足了公众参与舆论讨论的需求，因而对事件的关注度逐步降低，舆情走向消解。而就舆情被动消解类型来说，都是在突发动物疫情事件的相关处置尚未达到一个好的效果或者未满足公众参与舆论讨论需求的情况下，发生的突发动物疫情事件网络舆情的消解。这种舆情的消解又可分成两种不同的情况，其中一种舆情的消解动因主要在于突发动物疫情事件及事件舆情的发酵时间过长，公众在前期投入了过多的关注、情感或者相关资源，随着时间的推移，情感、精力和资源消耗过多，公众处于一种无力继续关注的状态，关于该突发动物疫情事件的网络舆情逐渐走向消解。另一种情况是原来的突发动物疫情事件随着时间的推进没有新的、更具吸引力的舆论焦点出现，而在信息网络时代，随时随地可能出现新的、更刺激、更具吸引力的新的舆论焦点，那些更具冲击性的舆论焦点便可以成功迭代原有的舆情焦点，吸引公众的注意力，并引发新的网络舆情，导致原来的突发动物疫情事件的网络舆情开始逐渐走向消解。就网络舆情被动消解的这两种情况来说，其发生的环境都是原有突发动物疫情事件没有得到有效的处置，或者是公众参与舆情的愿望和需求并未得到满足的情况下舆情被动走向消解的。

二、影响突发动物疫情公共危机网络舆情演化发展的因素分析

突发动物疫情事件网络舆情网民行为有诸多动因，各动因在舆情的不同阶段有何特征、在舆情演化的不同阶段如何发挥作用、作用力度的强弱、关键动因的识别等是研究突发动物疫情事件网络舆情演化机理时需要思考的重要问题。当前，已有诸多学者开始关注并深挖各种动因的特征，从一个或者多个角度展开分析，但系统构建动因模型的成果还比较少。值得肯定的是，正是从一个或者多个角度的不断深入，为本书试图从系统角度深入研究这一问题提供了重要的参考。诸多现实案例证明，并不是所有的突发动物疫情事件都可以引发网络舆情，舆情热度随着时间序列而出现动态变化，突发动物疫情事件网络舆情从爆发到网民知晓、热议，进而形成舆情热点的过程受一系列制约因素和作用主体的影响，本章在整理国内外已有文献的基础上，对突发动物疫情事件网民行为的主要动因进行梳理，从系统论的角度出发，从舆情主体、舆情客体、舆情载体等方面进行具体分析。

前期的大量研究表明，突发事件公共危机的产生与发展受到突发事件本身、政府危机管理部门、媒体及公众参与度等因素的影响。在网络时代，突发动物疫情公共危机网络舆情的发展和演化也受到多种因素的影响，从系统论的角度来看，其受到主体、客体与环境的影响。具体到影响突发动物疫情网络舆情发展的因素，本书认为主要有如下一些方面。

（一）舆情的客体：突发动物疫情公共危机本身

所谓舆情的客体指的是网络舆情的产生与发展所缘起的事件，以此构成网络

舆情的源生动力，突发事件发展演变的趋势与网络舆情的发展演变是密不可分的，突发动物疫情事件的类型、对公众利益影响的程度等都是影响舆情走向的重要因素，事件影响面越大、损害程度越深的事件越容易为网民所关注。突发动物疫情事件的舆情客体，则是指依赖于某一突发动物疫情事件而产生的网络舆情。换而言之，突发动物疫情事件发生，即相关舆情的出现，该动因属于突发动物疫情事件网络舆情演变过程中的恒定存在动因。

林萍等（2013）认为网络舆情源生事件与公众生活的贴近性越强，加之部分媒体的夸大报道，越容易引起公众的关注，如食品安全类的公共危机事件。本书认为，突发动物疫情事件本身具有很强的公共属性、危害属性，一旦发生，便会影响到如马斯洛需求层次理论中公民最基本的生存需求、发展需求，加之部分网络媒体的夸大报道，就导致突发动物疫情事件很容易引起公众恐慌、聚焦，迅速形成突发动物疫情事件网络舆情。同时，过去发生的类似事件，也会产生一些影响。为了尽可能量化突发动物疫情事件这个客体在舆情演化过程中的影响程度，本书主要从突发动物疫情事件应对等级、事件敏感程度及过去类似事件三个角度进行考虑，而且在突发动物疫情事件网络舆情演变的过程中，事件应对等级、事件敏感程度及过去类似事件对应度越高，相关舆情指数便会越高，属于正向性单向动因。

以往的研究表明，网络舆情的产生与发展总是因为某一突发事件的发生或即将发生，突发事件本身不仅是构成网络舆情的源生动因，而且突发事件后来发展演变的趋势和网络舆情的发展是紧密相关的。一般来说，源生突发事件的类型、突发事件影响利益相关者的程度、对社会和公民影响的广度等都是引起网络舆情发展变化的重要因素。张玉强（2011）研究表明，涉及贫富差距、社会公平与正义、民族主义及宗教信仰、伦理道德、民生、公共安全、灾害及环境污染等的事件更有可能发展为突发事件，事件影响面大、损害程度深的事件更容易为网民所关注。

具体到突发动物疫情而言，由于疫病本身具有传染性、危害性、破坏性，加之网络的扩大效应，因此动物疫情本身就有可能引发或大或小的公共危机。目前，我国所认定的动物疫病有 100 多种，每年各种动物疫病也时有发生，但并不是所有的动物疫病的发生都能引发公共危机，也并不是所有引发了公共危机的动物疫病都能引起同样大小的网络舆情。一般而言，动物疫情是否能够演变为公共危机、是否能够引发一定的网络舆情，受到动物疫病本身及动物疫情具体情况的影响，主要有以下几个方面。一是动物疫病的种类与分类。例如，动物疫病是由哪一种禽类或哪几种禽类传染的、这些禽类与人们日常生活生产的紧密程度如何、动物疫病是否是人畜共患的疫病等。一般来说，疫病涉及的禽类越多、这些禽类与人们生活生产的联系越紧密、越是人畜共患的疫病疫情，就越容易发展为公共危机，越容易引发网络舆情。二是动物疫病的发病与传染情况。动物疫病是不是突发的、暴发的新疫病病种或者是新的变异疫病，还是以前曾暴发过的旧疫病，疫病暴发的地区是否有过应对该类动物疫病疫情的经验，公众是否有听说过或经历过该类疫病等，同时动物疫情暴发的时间、地点，以及影响的广度与深度等都有重要影响。此外，动物疫病的传染途径与易感程度等也是重要的因素。一般来说，新的动物疫病疫情、无应对经验的疫病疫情，更易演变为公共危机，更易引发网络舆情。三是动物疫病的损害情况。动物疫病所造成的损失主要从几个方面来衡量。首先，所造成的直接动物疫情疫病的损失。例如，禽类尤其是家禽的染病数、染病率、病死数、病死率，人畜共患的动物疫病的人染病率、病死数等，为动物疫情防控所捕杀、扑灭的家禽数。其次，所造成的经济损失。对于动物疫病所造成的经济损失，一般可从三个方面来衡量。第一个方面是衡量动物疫病对肉类产品生产国出口的影响程度。在通常情况下，动物疫病对肉类产品生产国出口的影响程度取决于该国该种肉类出口在出口中所占的比例，占比越大，那么因疫病所造成的贸易减少或中断，其经济损失越大。第二个方面是衡量进口国消费者对受疫病感染国家肉类产品进口的依赖程度。如果进口国对家禽肉类的进口量减少，那么贸易的突然中断对进口国消费者的影响也会非常明显。第三个方面是衡量动物疫病对人类健康的影响程度，事实上，如果消费者对动物疫病较为恐慌，肉类的消费量就会大幅减少，这样不仅会影响人们的生活与生产，而且对养殖业与经营者也会有较大冲击。鉴于以上三个方面的经济损失，我们可以认为，动物疫情影响到的人数越多，对经济的冲击越大，演变成公共危机的可能性越大，网络舆情也越容易爆发和发展。

因此，能否采取果断、及时且科学的处置手段对于防止动物疫情的蔓延和控制、扑灭是非常重要的。突发动物疫情公共危机对网络舆情的发展与演变有着关键性的作用。

（二）政府与舆情监管制度规范

网络舆情引导的主体包括政府、网民、意见领袖等，这些主体的态度与行为逻辑是影响网络舆情发展的重要因素。在这些主体中，政府的行为及政府有关网络舆情监管的制度规范等，是影响网络舆情演化发展的关键因素。大量研究表明，突发动物疫情发生后，政府的回应及其对突发动物疫情公共危机事件的处置能力、公信力、制度管制等，都是触发网络舆情的重要因素。同时，这些因素在很大程度上决定着网络舆情发展的态势。以往大量的实践表明，政府对源生突发动物疫情危机事件回应和处置的速度越快、处置的能力越强，有关动物疫病信息公开的速度也就越快和越准确，在这种情况下，公众对突发动物疫情事件的持续关注热度就越容易降低，网络舆情的发展态势越容易引导。汪春香等（2015）则通过实证研究证明了政府行为是影响网民行为的最关键因素之一。本书认为，政府作为突发动物疫情事件紧急处置和应对平息的首要主体，其在事件演变及事件网络舆情演变的不同阶段都发挥着关键的、不可替代的作用，在不同阶段的决策措施、应对行为都受到媒体和公众的关注与监督，是公众议论的焦点和媒体信息挖掘的权威来源。在舆情形成阶段，政府如果能主动出击、迅速反应，抢占舆论制高点，就可以有效地把握舆论的方向，引导舆情朝着良性的方向发展，尽快走向舆情消解阶段，将公众情绪化解在萌芽状态，网络舆情自然就失去了爆发的公众基础；在网民诉求强烈、舆情高涨的阶段，一般会出现塔西陀效应，公众很容易将对事件的恐慌情绪转嫁到对政府行为的质疑、不满上，此时政府只有及时公布事件演变信息、采取有效的措施，满足公众诉求，才能逐步缓解紧张的舆情气氛；在网民转移焦点、舆情走向消解的阶段，网民之所以会转移焦点，主要是因为其强烈的事件诉求得到了满足，这个过程中政府行为发挥着重要作用。本书认为，在突发动物疫情事件网络舆情演变的过程中，政府行为的有效度越高，相关舆情指数便会越低，属于逆向性单向动因（指单向动因的取值越低，目标层指数越高）。

同时，政府关于网络舆情的监管体系及所制定的制度规范也是影响网络舆情发展的重要因素。由于受各种因素的影响，无论是利益相关者还是普通网民，都是较为感性的，如部分养殖户、经营者或利益相关者可能会把网络空间当成发泄情绪的场所或利益诉求的场所，而一般来说，感性化和情绪化的言论很容易得到网民的响应，从而引发舆论，其中有些甚至是有害的舆论。这就要求政府及其相关部门理性地、科学有效地采取网络舆论监管措施，包括构建日常的网络舆情监管体系、出台相关的网络舆情监管法律制度、完善网络舆情应急管理体系等。网络舆情监管体系与法律制度能够规范舆情主体的网络行为与言论，能够及时有效地收集到有关舆情形成、发展的相关信息，以便对舆情的发展趋势做出预判，在舆情爆发后能够进行应急处置，并有效做好善后工作。

（三）媒体的信息传播

媒体作为信息传播的渠道和中介，其在公共危机治理中发挥着重要的作用，尤其是随着新媒体的出现，其发挥的作用越来越大。与此同时，无论是传统媒体还是新媒体，因为其在危机治理过程中的特殊地位，它们不仅为网络舆情的形成提供平台与渠道，而且其本身也是构成网络舆情的重要部分。我们可以看到，媒体什么时候、对什么事件进行选择，选择之后如何进行阐释、评估、建议等，不仅本身构成了舆情的一部分，而且对接触过该媒体的受众也会产生相应的影响，从而影响舆情的发展。在传统媒体时代，广播、电视、报纸等媒介的信息传播基本引导了大众的关注焦点，而且人们除了通过口耳相传获得部分信息外，大量的信息都来自传统媒体，因此可以说传统媒体架构了人们想什么，并且形塑了人们怎么想，是推动舆情发展的重要因素。在新媒体时代，网络媒体除了具备传统媒体的主要功能之外，还拥有传统媒体不可比拟的功能。总体来看，媒体的信息传播主要从以下几个方面对网络舆情的演化发展起作用。

首先，媒体（无论是新媒体还是传统媒体）是网络舆情赖以存在的平台与渠道。根据网络舆情的定义可知，网络舆情是各种存在于网络平台和空间中观点、态度及情绪的总和。网络舆情的产生及对网络舆情的分析与预判，都离不开网络舆情赖以存在的载体——网络空间。也可以说，若没有网络或网络空间，就无所谓网络舆情。随着计算机科学技术的发展及现代社会的不断进步，越来越便捷、高效的网络新媒体平台及网络互动方式层出不穷，网络媒体由最初的电子邮件到网络论坛、微博、微信及以手机为终端的移动互动软件，使得网络线上线下的联系越来越紧密，这为公众搭建了表达情绪和态度、参与社会互动的平台和渠道，构成了网络舆情形成的基础。

其次，媒体信息是构成网络舆情的信息源。在现代社会，面对面的传统信息传播方式已经逐渐为新的信息传播方式所取代，人们获得信息的主要方式为媒体，尤其是网络媒体。新媒体是构成网络舆情的重要信息源，如互联网言论、传统媒体网络版、即时通信及新型社交媒体等。信息源在网络舆情的形成和发展中的作用至关重要，在突发事件发生后，无论是传统媒体还是网络媒体，为了吸引公众的眼球，都会利用自身的优势来对事件进行报道、评论，这就为网民提供了大量的信息源。而且，这些信息源一旦产生，就有可能迅速引起网民的关注和转发，进而有可能引发更多人更大规模的关注和讨论，使得突发事件不断升级，从而进一步推动网络舆情的发展。值得注意的是，在现代社会，新媒体与传统媒体在提供信息的过程中往往是相互合作、相互依赖及相互促进的。人们发现，新媒体或传统媒体在报道或关注某一个突发事件后，其中部分媒体会不断地跟进，从而相互作用扩大事件的影响及推动网络舆情的发展演化。

最后，媒体的信息传播是网络舆情的催化剂或灭火器。媒体作为网络舆情的信息源，不仅在形成舆情的过程中至关重要，而且是推动和缓解网络舆情的重要渠道。由于发布网络信息相对比较便利，相较于传统媒体而言，网络信息审查的程序和规范目前尚不够完善，因此媒体信息传播尤其是网络信息传播对于网络舆情的作用方向与信息传播本身有着较紧密的联系。因此，要分析网络舆情的发展演化机理，媒体及媒体信息传播起着重要作用。

林萍等（2013）认为，媒体具有影响公众感知社会的能力。狄国强等（2012）

通过构建网络舆情系统动力学模型和仿真的过程证明了媒体行为（报道频率和媒体作用率等）对网民行为有着重要的影响。本书认为，在当下网络媒体技术越发成熟的背景下，媒体行为对于舆情的形成和高涨起着关键的作用，越来越多的舆情事件发端于媒体行为的推动。媒体基于其本身的工作性质，一旦有突发动物疫情事件发生，为了吸引公众的眼球，便会不断地挖掘、跟踪、寻找可能的舆情热点，并利用自身的优势来对事件进行报道、评论，在这样的情况下，媒体行为（报道什么、从什么角度切入、什么时候报道、报道的频率等）成了最初重要的舆情信息源，为网民提供了最初认识该突发动物疫情事件的途径，随之就可能引起网民的广泛关注和转发，进入舆情形成阶段。随着媒体行为的跟进、舆情信息的深挖、舆情观点的清晰，一旦引起更大规模的关注和讨论，事件就会不断升级，进而推动舆情事件的发酵升级，网民的事件诉求开始强烈、舆情随之进入高涨阶段。而随着媒体行为逐步理性，传播的信息有效、真实，则有利于公众清楚地认识事件的真相，在媒体报道的引导下逐步回归理性，平复过激情绪，进而推动舆情逐步走向消解。在这一过程中，媒体行为可以成为网络舆情回归理性、走向消解的重要手段。本书认为，在突发动物疫情事件网络舆情演变的过程中，媒体行为参与效度越高，相关舆情指数就越高，属于正向性单向动因（指单向动因的取值越高，目标层指数越高）。

（四）网民及网民心理

网民是构成网络舆情最重要的主体，网民心理是影响网络舆情发展演化的重要因素，网民心理在很大程度上会影响网络舆情的性质与走向。突发动物疫情发生后，关注事件发展、参与事件讨论的网民汇集于网络空间并形成网络舆情，知情人数、参与强度、态度倾向等都是构成舆情的重要因素。总体来看，网民的总体规模越大、网民在网络中参与的强度越大，其态度越是反应强烈，对舆情的影响就越大。与此同时，网民的社会地位、道德素养、知识理性、价值观、个性特征和心理等都会对网络舆情产生影响。

意见领袖是网民群体中地位比较特殊的群体，在网络传播中，他们一方面是普通网民中的一部分，同时与普通网民又不太一样，是那些在网络人际传播中能够为普通网民提供某些信息或者通过提供知识和信息影响普通网民的一部分特殊人群，这些人尤其是指那些关注社会公共话题、保持人文价值关怀的一些知识分子，如大量活跃在网上的专家学者、媒体人士、各界精英等。他们除了具有普通网民的特征之外，同时具有较强的影响力，不仅能够将信息传递给普通网民而且在某种程度上影响着普通网民，因此在网络舆情的传播和发展过程中，这些意见领袖的作用不容小视。研究显示，意见领袖的信息聚合、信息过滤、态度传递等作用较大。特别是在一些特定情境下，由于社会控制减弱，一些缺乏自律的意见领袖如果有意或无意地发布一些不实信息，他们的观点和态度在一定程度上是可以影响粉丝和舆论走向的（张玉强，2011）。

随着社会的不断发展，网民的数量越来越多，各行各业的网民集聚网络，并且依托网络平台，形成了以兴趣爱好、政治态度、血缘或业缘等为缘起的网络群落，网民在网络群落中获得某种认同、某种归属感、某种社会支持等，继而扩大了其对网络舆情的影响。

有学者认为意见领袖的信息传播比普通大众传播的说服力更强，更容易影响并且改变他人对事件的态度及行为方式。某研究小组在2005年的调查中发现，网络意见领袖能够借助论坛、博客等平台进行信息传播，进而起到创造、改变舆论方向，以及构建潮流、引领舆情趋势的作用。意见领袖的行为具有明显的“领头羊”式的作用，在当下网络沟通越来越便利的情况下，意见领袖也增加了新的内涵，不再是传统意义上位高权重的领导人物，网民完全可以根据个人兴趣、喜好判断关注谁、信任谁，这也就意味着网络意见领袖需要更具个人魅力，并有独到的见解、更合民众心意的观点，在此基础上，一旦成为意见领袖，必然会有大量的粉丝网民，在个人魅力和粉丝关注的相互强化之下，网民与意见领袖形成了较为稳定的信任关系。当突发动物疫情事件发生后，意见领袖的围观、评论、转发及置顶等行为便会引发粉丝网民的互动，瞬间引发舆情热潮。同样，在网络舆情逐步消解阶段，网民转移关注焦点的过程中也往往会有意见领袖率先关注其他热点或者停止关注原热点的行为。本书认为，在突发动物疫情事件网络舆情演变的过程中，意见领袖行为参与效度越高，相关舆情指数便会越高，属于正向性单向动因。

张庆民等（2012）通过研究发现，涉事主体的行为会对媒体报道行为、网民情绪诉求产生较大的影响，在一定程度上影响着网络舆情的走向趋势。汪春香等（2015）认为涉事主体对事件做出回应、处理相关事项的及时有效性等会影响舆情演变过程中网民的行为取向。本书认为，在突发动物疫情事件中，政府是紧急处置和应对平息事件的首要主体，而涉事主体则与突发动物疫情事件的发生和演变有直接的关系，但涉事主体并没有明确的直接指向，不同的突发动物疫情事件有着不同特征的直接涉事主体。例如，H7N9禽流感疫情等传染类疫情，直接涉事主体一般是政府、医院工作者等；上海福喜肉事件、三聚氰胺奶粉事件等食品类事件，其直接涉事主体一般是企业。由于这些涉事主体直接参与突发卫生事件的产生、发展过程，因此其态度、行为往往会成为刺激网络舆情的中介性因子，通过影响事件的发展而影响网络舆情的演变。本书认为，在突发动物疫情事件网络舆情演变的过程中，涉事主体的参与行为与政府行为有相似的性质，即其参与行为的有效度越高，相关舆情指数便会越低，属于逆向性单向动因。

（五）网络环境

网络环境对于突发动物疫情网络舆情的影响，可以从两个方面来理解：一是网络的内部环境；二是网络的外部环境。有关网络的内部环境，已有的研究显示，网络空间环境相较于现实社会空间具有更大的开放性和无边界性，因此信息发布更为便利，造成网络空间随时都充斥着海量信息，一旦有某种动物疫情发生，很快就会形成网络舆情。而且，目前网络信息的审查相较于传统媒体的审查更为宽松，一些网络治理失范现象时有出现，一些网民出于某种动机和目的，容易在各类网络论坛、聊天室、贴吧、电子邮件、微博、微信等网络空间中发表或转载某些虚假信息，这些信息掺杂在一起容易弱化公众的判断能力，使得谣言传播速度更快、情绪舆情影响更大。

另外，突发动物疫情公共危机事实上可以看作在一定的社会环境条件下产生的社会问题事件，网络舆情引导的主客体就是在这些社会条件和关系下的个体及组织，在这个社会关系下的文化、政治、经济、技术制度环境等对事件演变发展的趋势及网络舆情的走向具有重要的影响作用。我们可以看到，一个道德法制不健全、政治生态不清朗、经济落后的社会中，造谣、不实新闻的传播速度快；相反，一个政治环境良好、信息公开透明、法律制度健全、科学技术先进的社会，小道消息少，即使有也会在比较短的时间内消解和澄清。

突发动物疫情事件网络舆情的舆情环境可以从舆情平台及同期其他舆情热点两个角度进行深入分析。中国互联网信息中心发布的第 44 次《中国互联网络发展状况统计报告》指出，截至 2019 年 6 月底，我国网民规模达 8.54 亿，互联网普及率为 61.2%，手机网民规模达 8.47 亿，网民使用手机上网的比例达 99.1%。在这样的网络环境中，突发动物疫情事件一旦发生，公众便会通过各种自媒体平台迅速传播、搜索、验证相关事件信息，毋庸置疑，网络环境制造了一个“人人都有麦克风”的时代，因此，对于突发动物疫情事件网络舆情来说，网络环境是其演变的重要平台。

舆情平台是指事件信息的首发平台及主要舆论平台，主要分为官方媒体平台和民间舆情平台。其中，官方媒体平台指的是新华网、人民网、《人民日报》和《新闻联播》，以及从中央到地方的政府门户网站等，这类平台具有单向公布信息的特点，信息质量会偏向于事件真相，在舆情形成之初及舆情消解的过程中，官方平台的有效信息传播，可以有效引导舆情的发展和消解，但进入舆情高涨阶段后，在塔西陀效应的作用之下，官方平台发布的信息有可能会受到较大程度的质疑，影响传播效果，对舆情的引导效果会在一定程度上降低；民间舆情平台指的是除政府以外的由媒体组织及网民个人运作的博客、微博、微信、论坛等，这类平台能够双向多头互动，在突发动物疫情事件网络舆情形成和高涨的阶段，主要会在这类平台上汇聚民意，在事件影响范围较大、事件信息不明确的情况下，往往具有夸大、不理性的特点，因此也成为相关事件网络舆情监测的主要平台。

同期其他舆情热点指的是除该突发动物疫情事件网络舆情系统之外其他的舆情热点，同期其他舆情热点的出现也会对突发动物疫情事件网络舆情的演变产生影响。

三、突发动物疫情事件网络舆情演变的动因模型

在本章前面的内容中，已经对突发动物疫情事件网络舆情在生命周期不同阶段的演变趋势及演变路径做了较为详细的阐述，并对突发动物疫情事件网络舆情演变的主要动因进行了具体的分析，在此基础上，本书主要对突发动物疫情事件网络舆情演变的动因模型进行分析研究。

（一）量表设计

在网络环境中，舆情的传播受到诸多因素的影响，一个动因的变化会引起其他变量产生连锁反应，进而作用到整个舆情的演变趋势中去，线上舆情的发酵会对线下行动产生互动作用，也会对整个突发动物疫情事件的走向产生影响。为了获取突发动物疫情事件网络舆情演变过程中不同动因的特点，本书从舆情主体、舆情客体、舆情环境等三个维度进行舆情动因的提取并设计了专家打分量表（表 3-1）。

表 3-1　突发动物疫情事件网络舆情演变的动因指标及定义

测量维度	测量项目	测度项定义
舆情主体 C1	政府应对度 C11	政府做出的各方面反应（包括应对态度、行为措施、信息公开等）
	涉事主体应对度 C12	涉事主体针对该事件做出回应及事件相关处理等的行为
	网络媒体参与度 C13	网络媒体基于工作性质对该突发动物疫情事件的热点挖掘、事件置顶、设置专题等行为
	意见领袖参与度 C14	粉丝资源拥有者围观该突发动物疫情事件并传播信息等的行为
	网络水军参与度 C15	别有用心者利用网络媒体针对该事件做出的具有特定目标的策划行为
舆情客体 C2	事件应对等级 C21	反映该突发动物疫情事件的规模和损失程度
	事件敏感度 C22	公众对该类突发公共事件迅速反应，表达情绪、意见及做出行为的能力
	过去同类事件 C23	过去发生过类似并引起公众不良情绪的突发动物疫情事件的情况

续表

测量维度	测量项目	测度项定义
舆情环境 C3	政府官方媒体 C31	首发及主要传播平台：新华网、人民网、《人民日报》和《新闻联播》，以及从中央到地方的政府门户网站等
	民间自媒体 C32	首发及主要传播平台：博客、微博、微信、论坛等
	其他舆情热点 C33	突发动物疫情事件发生同一时间段内的其他舆情热点

（二）数据来源

本书的数据主要源于专家群体对突发动物疫情事件网络舆情演变的各动因进行识别，基于专家联系方式可得性，同时尽可能地确保专家打分结果的有效性、科学性和全面性，选择 9 位权威专家，请每位专家根据各自在该方面的知识经验、研究成果，针对表 3-1 中各测量维度、测量项目、测度项定义的概念进行界定，通过打分的形式对突发动物疫情事件网络舆情演变的有效动因进行识别。

（三）动因模型

层次分析法（analytic hierarchy process，AHP）是一种定量与定性分析相结合的系统多目标决策方法，可以将复杂的问题用有序的层次结构表达出来，并根据人们对各因素重要性的判断对决策方案进行科学排序。本调查量表的主要目的在于测量不同动因舆情演变过程中是否产生影响及所产生的影响程度的大小，按照 Satty1-9 标度法对各动因指标的权重系数进行判断，根据专家群体打分结果对各层次指标相对重要性的判定来构造判断矩阵并计算指标权重，最后得出整个指标权重的分配方案，整个操作过程均通过 yaahp V10.5 软件来完成，yaahp 是一款针对层次分析法的专业辅助软件，可以实现使用层次分析法的决策过程中的模型构造、量表生成、数据计算和数据分析等方面的操作，得到突发动物疫情事件网络舆情指数的动因指标权重量表（表 3-2）。

表 3-2　突发动物疫情事件网络舆情指数的动因指标权重量表

测量维度	权重	测量项目	权重	各指标相对于总指标的权重
舆情主体 C1	0.5396	政府应对度 C11	0.2704	0.1459
		涉事主体应对度 C12	0.1647	0.0889
		网络媒体参与度 C13	0.3737	0.2016
		意见领袖参与度 C14	0.1366	0.0837
		网络水军参与度 C15	0.0547	0.0095

续表

测量维度	权重	测量项目	权重	各指标相对于总指标的权重
舆情客体 C2	0.2970	事件应对等级 C21	0.2970	0.0982
		事件敏感度 C22	0.5396	0.1402
		过去同类事件 C23	0.1634	0.0585
舆情环境 C3	0.1634	政府官方媒体 C31	0.2385	0.0391
		民间自媒体 C32	0.6250	0.1021
		其他舆情热点 C33	0.1365	0.0323

通过对专家打分结果的分析，对突发动物疫情事件网络舆情演变的各动因有了较为全面的掌握，也对各动因在突发动物疫情事件网络舆情演变中的权重有了基本把握。

第一，从舆情主体、舆情客体、舆情环境三方面来看，舆情主体的权重最高，为 0.5396，其次是舆情客体，为 0.2970，最后是舆情环境，为 0.1634。由此可以看出，在突发动物疫情事件网络舆情的形成、高涨、消解过程中，各方参与主体的行为起到关键的主导作用，突发动物疫情事件本身的特征会为其舆情演变奠定基础，舆情环境相较前两者的影响作用较小，但在网络舆情存在的大的时代背景下，其也是不可忽视的影响动因。

第二，就舆情主体中的各动因来说，其对突发动物疫情事件网络舆情演变的影响程度依次是：网络媒体参与度为 0.2016、政府应对度为 0.1459、涉事主体应对度为 0.0889、意见领袖参与度为 0.0837、网络水军参与度为 0.0095，以上舆情主体虽都对突发动物疫情事件网络舆情的演变起到一定的作用，但影响程度却有较大不同，其中网络媒体参与度、政府应对度的影响程度较大，涉事主体应对度与意见领袖参与度的影响程度基本持平，而网络水军参与度的权重最小，这主要是网络水军具有商业趋利性，在突发动物疫情事件中，涉及公众利益时，政府参与、媒体把关，因而网络水军所起到的作用很小，但如果其行为符合公众利益时也会有重要影响。

第三，就舆情客体中的各动因来说，其对突发动物疫情事件网络舆情演变的影响程度依次是：事件敏感度为 0.1402、事件应对等级为 0.0982、过去同类事件为 0.0585，由此可知事件敏感度对舆情的演变作用效果相较其他两种舆情客体动因来说效果最为明显。

第四，就舆情环境中的各动因来说，其对突发动物疫情事件网络舆情演变的影响程度依次是：民间自媒体为 0.1021、政府官方媒体为 0.0391、其他舆情热点为 0.0323。由此可以看出，民间自媒体对舆情的演变作用效果与其他两种舆情环境动因相比，影响程度排在第一位，而政府官方媒体虽然比其他舆情热点的影响程度高，但高出的程度比较小。

综上，在突发动物疫情事件网络舆情的主要因素应该考虑的网络媒体参与度、政府应对度、事件敏感度、民间自媒体，而网络水军参与度和其他舆情热点的重要程度较低。为了对突发动物疫情事件网络舆情演变过程进行定量研究，假设 Y 为突发动物疫情事件网络舆情演变热度，根据本书得出的舆情动因指标、动因指标权重和具体突发动物疫情事件的数据特征，由此得到关于突发动物疫情事件网络舆情演变模型的公式为

$$Y=\sum_{i=1}^{3}F_iW_i \tag{3-1}$$

其中，F_i 为第 i 个动因指标在突发动物疫情事件中经过无量纲化处理的数据；W_i 为第 i 个动因指标在突发动物疫情事件网络舆情演变动因模型中的权重；3 为动因指标的个数（舆情主体、舆情客体、舆情环境）。

四、突发动物疫情公共危机网络舆情演化机理模型

突发动物疫情事件中网络舆情的演化机理可以分为舆情形成机理、高涨（发展与变异）机理和消解机理三种，每种机理都会在一个特定的生命周期阶段发挥作用，其中舆情形成机理（包括对舆情形成路径和舆情形成动因的研究）主要存在于网络舆情的形成阶段，舆情高涨机理（包括对舆情高涨路径和舆情高涨动因的研究）主要存在于网络舆情的高涨阶段，舆情的消解机理（包括对舆情消解路径和舆情消解动因的研究）。此外，三种演化机理间具有相对稳定的逻辑关系（图 3-4）。

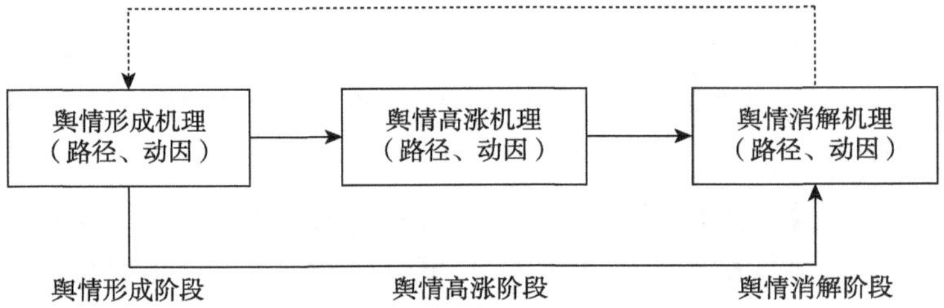

图 3-4　突发动物疫情事件中网络舆情演化机理间的逻辑示意图

同时，三种演化机理之间还存在很强的逻辑性，但必须注意的是，上述三种演化机理各自有对应的舆情阶段但并不意味着某种机理在突发动物疫情事件网络舆情演变的其他阶段不会发生。事实上，每一种机理都存在于突发动物疫情事件网络舆情演变的整个过程之中，只是其主要在某个阶段起作用。例如，

舆情高涨机理主要在突发动物疫情事件网络舆情的高涨阶段起作用，但由于网民认知的差异性、网络平台的结构性及不同地区环境的差异性，在网络舆情发展的各个阶段都会有公众不断地从更符合个人痛点的该突发动物疫情事件的信息与网络社会空间链接起来，一旦在社群间聚合发酵，也就给该事件的网络舆情增加了新的刺激因素。

为了进一步从宏观上对突发动物疫情事件网络舆情演化机理进行分析，对其演化机理的模型进行了构建（图 3-5）。

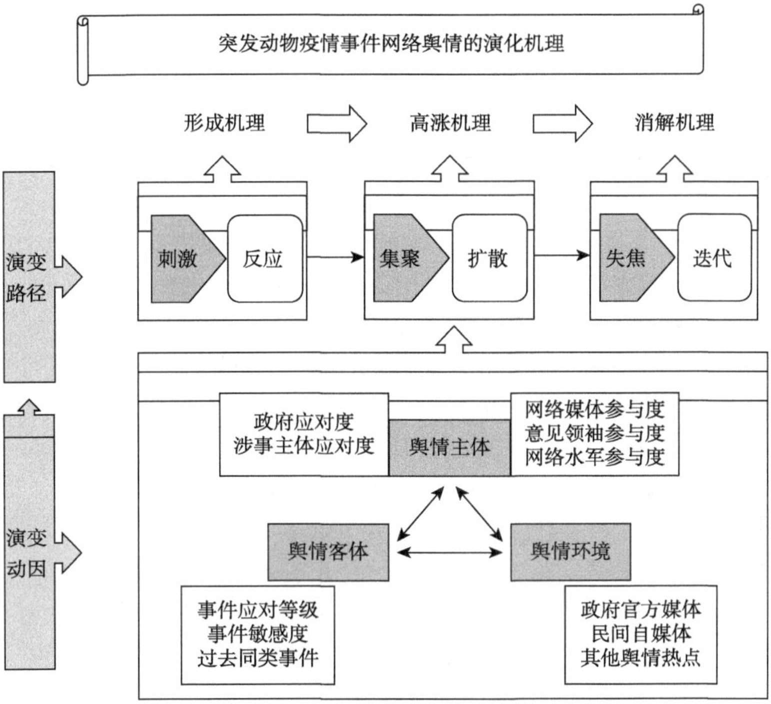

图 3-5　突发动物疫情事件网络舆情演化机理的模型

第四章　突发动物疫情中网民的网络行为与心理

本章通过问卷调查分析了网民的上网习惯及其心理特征等，总结了网民在突发动物疫情公共危机中的网络信息行为特征等。

探讨突发动物疫情网络舆情引导机制，需要了解动物疫情网络舆情演化的机理。网民作为舆情引导的对象，了解其在疫情发生前后的网络行为与心理也是有效、有针对性地开展舆情引导的前提。为了分析突发动物疫情网民的网络行为及其心理特征，笔者联合腾讯·大湘网开展了关于网民网络新闻阅读行为习惯的调查，主要内容涉及网民的基本信息情况、网民的上网习惯、突发动物疫情中网民的反应与行为、网民对突发动物疫情危机信息的信任、突发动物疫情事件中网民的心理等。本次调查开通了腾讯新闻 App、网络 PC 端和微信端口等三个调查通道。调查时间为 2017 年 6 月 13 日至 7 月 1 日，总计有 4952 位网民参与了调查，回收问卷 4952 份，其中有效问卷为 4812 份，有效率为 97.2%。尽管本次调查并不是严格意义上的随机抽样调查，但是参与调查的网民较多，且各个层次的网民代表都有参与，因此，调查结果在很大程度上可以反映湖南乃至全国网民的行为及其心理。

第一节　网民的基本信息与上网习惯

一、网民的基本信息

自 1998 年开始，中国互联网络信息中心每年都会定期发布《中国互联网络发展状况统计报告》，截至 2019 年已经发布了 44 次，根据第 44 次《中国互联网络发展状况统计报告》，截至 2019 年 6 月，我国的网民规模达 8.54 亿，较 2018 年底增长 2598 万人，我国手机网民规模达 8.47 亿，较 2018 年底增长 2984 万，网民中使用手机上网的比例由 2018 年底的 98.6%提升至 99.1%。根据该报告，截至 2019 年 6 月，我国网民男女比例为 52.4∶47.6，与 2018 年底基本持平。截至 2019 年 6 月，1～39 岁网民群体占网民整体的 65.1%，其中 20～29 岁网民群体占比最高，达 24.6%；40～49 岁网民群体占比由 2018 年底的 15.6%提升至 17.3%；50 岁及以上的网民群体占比由 2018 年底的 12.5%提升至 13.6%，互联网持续向中高龄人群渗透。截至 2019 年 6 月，初中、高中/中专/技校学历的网民群体占比分别为 38.1%、23.8%；受过大学专科、大学本科及以上教育的网民群体占比分别为 10.5%、9.7%。

在上网习惯方面，99.1%的网民使用手机上网，通过台式电脑上网、笔记本电脑上网、平板电脑上网的比例分别为 46.2%、36.1%和 28.3%，通过电视上网的比例为 33.1%。

本次调查对象的年龄组为 12～68 岁，平均年龄约为 29 岁，教育程度、网龄等具体情况见表 4-1。

表 4-1　突发动物疫情网络舆情被调查对象特征

项目	占比
性别	
女性	34.5%
男性	65.5%
教育程度	
小学及以下	1.6%
初中、初职	6.8%
高中及高职	15.5%
大专及高专	20.6%
本科	53.3%
研究生及以上	2.2%
网龄	
1 年及以下	1.1%
2～5 年	44.8%
5～8 年	30.7%
8～10 年	14.0%
10 年及以上	9.4%
职业	
学生	4.6%
农民	4.1%
企业或公司一般员工	60.1%
雇员或管理人员	10.7%
自由职业人员	12.7%
科研人员或新闻媒体工作人员	2.9%
其他事业单位工作人员	3.8%
公务员	1.1%

从被调查的网民特征可知，参与调查的网民以男性居多，其教育程度比较高，大专及高专以上教育程度的占大约七成，网龄大多在 2 年以上，还有 23.4%的网民网龄在 8 年以上，在职业构成中，自由职业人员和企业或公司一般职工占比比较高。尽管此次调查的网民与全国总体网民的特征有一定差异，但是其仍然具有较强的代表性，而且被调查对象的网龄较长，在网络空间花费的时间长，已经基本形成了自己的网络判断能力，能够更真实地表达自己的网络观点和情绪。

二、上网习惯

（一）上网的介质

由表 4-2 可知，网民上网的主要介质已经不再是传统的台式电脑，而是借助移动的设备，尤其是手机及其他平板设备等轻便的介质。随着移动网络的进一步普及，网民中大部分人依赖这些设备来连接互联网。可以说，这些可以移动的网络及介质为网民随时随地连接互联网提供了便利，但也为各种危机信息传播提供了更加便捷的渠道，在一定程度上增加了政府危机管理部门对危机信息传播的监管难度。

表 4-2　网民上网介质及占比

介质类型	频数/次	占比
手机	3267	67.9%
台式电脑	1405	29.2%
手提电脑	1485	30.9%
其他平板设备	2270	47.2%
其他	78	1.6%

（二）上网地点

由表 4-3 可知，网民中大多数在家里或者办公室上网，在自己家里上网的人数占比为 66.6%，而随着电脑的普及尤其是手机上网的便利，在公共图书馆和网吧上网的网民所占比例不高。

表 4-3　网民上网地点及占比

上网地点	频数/次	占比
家里	3207	66.6%
办公室	3132	65.1%
公共图书馆	1068	21.6%
网吧	567	11.8%
其他	160	3.3%

（三）上网时段

一般来说，网民大多是在课余或者工作之余的空闲时间上网，由表 4-4 可知，18：00～24：00 上网的网民占了 50%以上，上午及中午上网的时间主要集中在 10：00～14：00，事实上这也在提醒网络管理者要做好舆情监控和舆情引导，需要在下班时间尤其是晚上投入更多的注意力。

表 4-4 网民上网时段

上网时段	频数/次	占比
6：00～8：00	402	8.4%
8：00～10：00	885	18.4%
10：00～12：00	1100	22.9%
12：00～14：00	1041	21.6%
14：00～16：00	701	14.6%
16：00～18：00	652	13.5%
18：00～20：00	2417	50.2%
20：00～22：00	2577	53.6%
22：00～24：00	1987	41.3%
0：00～6：00	80	1.7%

（四）上网时长

由表 4-5 可知，被调查网民的上网时长大多集中在每天 2～3 小时，有 24.0%的网民每天上网时间为 3～4 小时。这个时长提醒网络监管和舆情引导主体，网民上网时间长，一方面说明网民通过网络能够做的事情越来越多，接触或利用网络的时间较长，另一方面说明网络舆情的引导要线上线下同时进行。

表 4-5 网民上网时长

上网时长	频数/次	占比
1 小时及以下	136	2.8%
2～3 小时	2435	50.9%
3～4 小时	1151	24.0%
4～5 小时	562	11.7%
5～6 小时	184	3.8%
6 小时及以上	318	6.6%

（五）上网的目的

从表 4-6 网民上网的目的来看，有 56.5%的网民利用网络收发电子邮件或处理工作事务，占比排在第一位。除此之外，浏览新闻或其他资讯成为网民上网的重要目的，也占了半数以上，这主要是因为现代信息社会中网络新闻资讯的快速和海量，为网民极速和便捷地获得各类资讯提供了平台。同时，有超过三成的网民上网的目的在于聊天交友。调查结果说明，突发事件发生后，大多数的网民会通过网络了解和获得资讯，而且他们中有很大一部分人会利用即时的通信互动网络平台与其他网民交流和沟通，网络舆情的监管不仅重要，而且在监管的基础上要充分利用网络的便捷性等对网民进行舆论引导。

表 4-6 网民上网目的

上网目的	频数/次	占比
浏览新闻或其他资讯	2685	55.8%
收发电子邮件或处理工作事务	2717	56.5%
聊天交友	1646	34.2%
娱乐、游戏	1485	30.9%
更新微博或个人主页	776	16.1%
无特定事，就消磨时间	240	5.0%

（六）经常浏览的网站类型

由表 4-7 可知，网民浏览的主要网站类型首先是地方门户或单位门户网站，这与网民上网的目的首先是收发电子邮件或处理工作事务是高度一致的；其次，有 57.2%的网民经常浏览新浪、网易等主流媒体网站，有 49.7%的网民经常浏览其他非主流新闻媒体。即时交流平台和论坛或贴吧等互动网络空间，也越来越得到网民的青睐。可见，网民上网的网站类型总体来看是比较丰富的，并没有高度集中在某一类型的网站，这与网民本身的异质性程度高、网络需求有关，因此浏览关注的网站自然有所不同。

表 4-7 网民浏览网站类型

浏览网站类型	频数/次	占比
新浪、网易等主流媒体网站	2754	57.2%
其他非主流新闻媒体	2390	49.7%
地方门户或单位门户网站	2955	61.4%
QQ、微信等即时交流平台	1316	27.3%
论坛或贴吧	1264	26.3%
其他	366	7.6%

第二节　突发动物疫情中网民的网络行为分析

要对突发动物疫情网络舆情进行引导，首先必须了解在动物疫情公共危机发生后网民的主要行为，只有这样才能够有针对性地、有效地对网民进行引导，从而达到舆情引导的目的。在有关网民的网络行为分析中，一是要了解网民在上网时的惯常行为，二是要了解突发事件发生后，网民的主要行为反应，这又包括网民在获取事件信息后的反应及网民在浏览了网络信息后的进一步反应。

一、网民的日常网络行为

网民是否喜欢翻看新闻跟帖或论坛评论，这既说明网民对于某事件的关心程度，同时能够体现出网民日常上网的习惯，经常翻看新闻跟帖或论坛评论的网民对事件可能更为敏感。由表 4-8 中可知，有 45.3%的网民几乎每次上网都看，而超过 70%的网民经常翻看新闻跟帖或论坛评论，仅有 1.5%的网民从不看新闻跟帖或论坛评论。这事实上提醒政府危机管理部门，对于网络舆情的引导不仅要像之前对待传统媒体那样关注新闻信息本身，而且要突破传统思维，正视目前即时通信网络、各种新闻跟帖或论坛出现的网民与网民之间的信息沟通，这是舆情引导过程中越来越需要注意的场域。

表 4-8　网民浏览新闻跟帖或论坛评论情况

浏览新闻跟帖与论坛	频数/次	占比
几乎每次上网都看	2167	45.3%
经常看	1221	25.5%
一般	912	19.0%
偶尔看	413	8.7%
从不看	73	1.5%

由表 4-9 可知，网民如果看到感兴趣的新闻或帖子，他们也会做出一定的行为，网民对自身感兴趣的帖子会做出跟帖、评论、转发、点赞或踩等相关行为，这不仅体现出网民对待网络信息的习惯，同时网民的类似行为正是构成和推动网络舆情走向的重要影响因素，网民跟帖、转发或参与越多，网络舆情越是发展，

网民若是只看看不做出任何反应，舆情则会逐步走向消解。只有12.6%的网民明确表示对跟帖仅看看，不会做出任何行为；有12.4%的网民会对自己感兴趣的帖子会进行跟帖或评论；将近48.9%的网民表示对自己感兴趣的帖子会进行转发。网民表现出的高比例反应行为，是网络舆情引导主体判断舆情走向、了解网民心声的主要依据，这在一定程度上也加大了舆情引导主体开展舆情引导工作的难度。

表4-9　网民对感兴趣的新闻或帖子的行为表现

行为表现	频数/次	占比
跟帖或评论	594	12.4%
转发	2342	48.9%
点赞或踩	1137	23.8%
仅看看，不会做出任何行为	603	12.6%
其他	110	2.3%

突发事件公共危机发生后，会引发众多的网民进行线上讨论，那么网民之间是否会受到其他网民观点的影响呢？什么样的网民更容易受到别人的影响？在调查过程中我们设计了两种情况，一种情况是当自己的观点与论坛或贴吧里大多数人的观点不一致时，网民会受到怎样的影响；另一种情况是当看到自己的观点只与少部分人的观点不一致时，网民会受到怎样的影响。根据之前的研究，如从众现象的解释，这部分网民如果持有的观点与大部分的人的观点不一致时，那么他们很有可能会调整自己的观点，以迎合大众，从而减少自身承受的心理压力；根据内群体理论，如果网民发现自己的观点与大多数人的观点一致时，他们会主动地将自己归入此类群体，从而遵从内群体的规范，并得到心理上的满足。由表4-10、表4-11可知，在第一种情况下，如果网民发现自己的观点与大多数人的观点不一致时，尽管有一半的网民认为自己不会受到其他网民的影响，而会坚持自己的观点，但是这部分人仍然会去关注其他网民所持的意见；另有28.8%的网民认为自己会受到其他网民的影响，这部分人看到大多数人的观点与自己的观点不一致时会思考自身的观点，从而调整自身的观点以适应大众对该事件持有的观点；有16.8%的网民表示他们会接受大多数人的观点。在第二种情况下，如果网民发现与他们持不一致的观点只是少部分人时，有70.3%的网民认为会受到这部分人观点的影响，从而反思自己的观点。调查结果提示我们，在突发动物疫情发生后，大多数的网民不仅关注新闻信息，也会去浏览和参与论坛或贴吧，这可能会推高网络舆情；同时，在浏览或参与论坛或贴吧讨论的过程中，会受到其他网民的影响，网络舆情的引导主体应当重视论坛或贴吧这类网络空间，并要采取多种措施在这类网络空间中营造正向的网络氛围，政府相关部门对于事件的信息公布得越

多，网民对于事件的了解程度也就越高，网民对于事件持有的观点也会变得越来越明晰，从而影响和引导网民的行为。

表 4-10 网民与大多数人的观点不一致时的行为

网民行为	频数/次	占比
我会接受大多数人的观点	806	16.8%
我会受到大多数人观点的影响	1378	28.8%
我会关心大多数人的观点，但不会受影响	2498	52.2%
我不关心其他人的观点，也不会受到影响	104	2.2%

表 4-11 网民与少部分人的观点不一致时的行为

网民行为	频数/次	占比
如果我认为有道理，我会接受这部分人的观点	890	18.6%
我会受到这部分人观点的影响，从而反思自己的观点	3363	70.3%
我只会关心大多数人的观点，不会受影响	420	8.7%
我不关心其他人的观点，也不会受到影响	113	2.4%

如果突发事件只是停留在新闻或信息阶段，网民的各种行为基本能够保持理性，但是当网民看到的是与自身利益相关的信息时，网民所做出的行为可能会不一样。由表 4-12、表 4-13 可知，当网民看到与自身利益无关的信息时，有 56.1%的网民会关注事态的发展；15.0%的网民表示自己并不会特别关注；但是有 8.3%的网民表示他们会趁着关注热度，通过网络表达自己其他的观点，这也是我们在各种跟帖和论坛中经常会看到的一种现象。而当网民看到与自身利益相关的信息时，有 42.0%的网民表示不仅在网络上关注，同时自己线下也会采取一定的行动来维护自己的利益；有 17.6%的网民表示会积极通过网络表达自己的观点（包括但不限于发帖、转发、参与讨论、点赞、投票等各种网络表达形式）；有 39.1%的网民表示会密切关注事态发展，浏览各种网络信息，但不会通过网络做出行为。这也提醒着网络舆情的引导主体，要更关注公共突发事件中的利益相关者。

表 4-12 网民看到与自身利益无关信息采取的行为

网民行为	频数/次	占比
通过网络表达自己观点（包括但不限于发帖、转发、参与讨论、点赞、投票等各种网络表达形式）	937	19.6%
会关注事态的发展	2684	56.1%
自己并不会特别关注	720	15.0%
趁着关注热度，通过网络表达自己其他的观点	398	8.3%
其他	47	1.0%

表 4-13 网民看到与自身利益有关信息采取的行为

网民行为	频数/次	占比
积极通过网络表达观点（包括但不限于发帖、转发、参与讨论、点赞、投票等各种网络表达形式）	842	17.6%
密切关注事态发展，浏览各种网络信息，但不会通过网络做出行为	1871	39.1%
不仅在网络上关注，同时自己线下也会采取一定的行动来维护自己的利益	2013	42.0%
觉得都没有用，不采取任何行动	44	1.0%
其他	16	0.3%

二、面对突发动物疫情信息的网民行为

突发动物疫情危机本身具有突发、危害性及扩散性，这必然会影响到网民，不同的网民会对突发动物疫情事件的信息做出不一样的反应。由表 4-14 可知，除了 3.3%的网民表示可能会表现出很恐慌、不知所措外，绝大部分的网民表示会做出较为理性的反应。在这些人中，有 31.6%的网民表示会首先评估事件对自己生活工作的影响，这表明获知突发动物疫情事件发生信息后，网民首先考虑的是突发动物疫情是否会损害自身利益，通过评估事件对自己生活工作的影响后再确认信息的真伪或决定是否继续跟进事件的发展。有 29.2%的网民表示会首先去确认信息的真假，有 7.4%的网民表示得知突发动物疫情信息后会感觉与自己无关、并不关心，一旦事件发生在这一群体的身边，事件的消极影响可能会扩大。

表 4-14 网民获得突发动物疫情事件信息后的反应

反应	频数/次	占比
很恐慌、不知所措	303	3.3%
感觉与自己无关、并不关心	681	7.4%
首先评估事件对自己生活工作的影响	2920	31.6%
尽可能去搜集各种信息	1317	14.2%
到论坛或贴吧参与讨论	856	9.2%
首先去确认信息的真假	2705	29.2%
了解和观察其他人的反应	418	4.5%
其他	55	0.6%

对于网络舆情引导主体而言，在突发事件发生后，或者网络上出现一些未经证实的信息时，在第一时间做出回应是非常关键的。但是，网民要去证实某

类信息的真假时一般会通过哪些渠道，掌握这些知识和信息对于舆情引导主体也是必要的。由表 4-15 可知，网民首先会到地方政府网站或相关部门的网站核实（19.9%），其次是微博（19.0%），再次是新浪、腾讯、网易等主流媒体网站（18.8%），这充分说明政府网站及主流媒体等发布的信息具有一定的权威性和可信性。传统媒体中，电视、报纸、杂志、广播等尽管还是 8.4%网民的求证渠道，但绝大多数网民选择利用网络渠道。因此，在新媒体时代，突发事件发生后，相关部门尤其是政府网站和主流媒体需要及时公布相关信息，如果发现有未经证实的网络消息传播，也要第一时间在相关网站上进行澄清。同时，要科学监控一些非主流网站和论坛或贴吧等渠道，阻止谣言传播，引导其传播真实信息。

表 4-15　遇到需要证实的消息最有可能利用的渠道

渠道	频数/次	占比
地方政府网站或相关部门的网站	2767	19.9%
微博	2644	19.0%
新浪、腾讯、网易等主流媒体网站	2609	18.8%
其他非主流网站	2307	16.6%
论坛或贴吧	2211	15.9%
电视	709	5.1%
报纸、杂志、广播	464	3.3%
与朋友或熟人交流	173	1.2%
其他	19	0.1%

当网络上出现未经证实的信息时，网民处理信息的行为也是网络舆情引导主体需要了解的。因为只有掌握网民的行为取向，才能采取有效的、有针对性的措施。由表 4-16 可知，互联网时代网络信息各式各样且真实度各不一样，这也造成网民对于网络信息的不信任心理，因此在获知未经证实的动物疫情信息后应先会证实信息的真伪，网民中 61.7%的人表示会先证实信息真伪，不会立刻转发；还有 13.7%的网民表示不会转发，只是默默关注；另有少部分网民表示不关注也不会转发。从比例上来看，似乎大多数的网民不会立刻转发。但是，我们仍然可以发现，有约 18%的网民表示会对未经证实的动物疫情信息进行转发，而且有 6.2%的网民表示会立刻转发给认识的人或群。这也就是说，只要有信息在网络上出现，有一部分人会不辨真假而马上转发，这种未经证实的动物疫情信息若为假消息便会给相信该消息的人的生活带来影响，也会造成网络消息的信任危机，这部分人是网络舆情引导主体需要特别关注的对象。

表 4-16 获知未经证实的动物疫情信息时网民的反应

反应	频数/次	占比
立刻转发给认识的人或群	299	6.2%
只会给自己亲近的人转发	570	12.0%
先证实信息真伪，不会立刻转发	2970	61.7%
不会转发，只是默默关注	660	13.7%
不关注也不会转发	228	4.8%
其他	59	1.2%

三、网民对谣言传播的态度与反应

网民对谣言的传播持有不同的心理态度，故对于采用一定的技术手段如删帖、信息屏蔽等来阻止谣言传播也有不同的偏好。由表 4-17 可知，偏向于支持采用一定的技术手段阻止谣言传播的网民高达 67.6%，而不是很支持和非常不支持的网民仅占 9.3%，这说明网民对于网络中的谣言传播有一定的排斥心理。

表 4-17 采用技术手段阻止谣言传播的网民支持情况

支持情况	频数/次	占比
非常支持	2171	45.4%
比较支持	1065	22.2%
一般	1107	23.1%
不是很支持	391	8.2%
非常不支持	52	1.1%

对于网络中传播的未经证实的动物疫情信息，网民的看法也不同。由表 4-18 可知，认为网上发布的未经证实的动物疫情消息是不道德的行为但不是违法犯罪的网民超过 50%，这些网民认为传播未经证实的消息虽然是不道德的行为，但尚未达到违法犯罪的高度。而有 8.4%的网民认为这是一件有益的事情，会让大众在日常生活中提高对动物疫情信息的关注和警惕。有 17.4%网民认为这是一种违法犯罪的行为；有 19.1%的网民认为此类消息无所谓，只是好玩而已。

表 4-18 网民对未证实禽流感信息转发的看法

网民看法	频数/次	占比
违法犯罪	832	17.4%
是不道德的行为但不是违法犯罪	2581	53.9%
无所谓，只是好玩而已	914	19.1%
是一件有益的事情，会让大众在日常生活中提高对动物疫情的关注和警惕	401	8.4%
其他	58	1.2%

在突发事件平息后，网民是否还会对事件进行持续关注，这对于网络舆情引导主体来说也是需要监督的。因为当大多数人不再关注某件突发事件了，网民由于各方面的原因也会逐渐忘记该事件。由表 4-19 可知，由于失去大多数人的关注会很快忘记某件突发事件的网民占 41.7%，而表示而完全不会受影响的网民仅占 1.2%，这说明公众会在多数人关注某件突发事件时增加对该事件的关注，而大多数人不关注某件事件了，则关注的网民自然而然地减少。

表 4-19　网民突发事件的持续关注情况

是否持续关注	频数/次	占比
是的，会很快忘记	1995	41.7%
有时会	1147	24.0%
基本上不会	1136	23.7%
不会很快忘记	452	9.4%
完全不会受影响	56	1.2%

第三节　突发动物疫情危机中的网民信息信任习惯

在突发动物疫情发生后，了解和分析网民对待危机信息的观点、心理及在危机中对各主体的信息信任程度，不仅可以把握网民在危机发生后对各种应急反应的观点，而且可以利用他们对各类主体信息信任程度的差异，从而采取有针对性的舆情引导措施。

一、网民对政府相关部门发布信息的信任程度

突发动物疫情发生后，网民希望获得及时而真实的信息，由表 4-20 可知，有 1.1%的网民认为政府相关部门的首要任务应当是及时对外公布相关信息。当然这部分人的比例很小，有 80%以上的网民认为有关部门的首要任务就是处理突发事件，尽力减少事件所造成的损失，这比及时公布信息更为重要。

表 4-20　相关部门尽力减少事件损失比及时公布信息更重要的网民观点

网民的观点	频数/次	占比
非常赞同，突发事件发生后，有关部门首要任务就是处理问题	2565	53.6%

续表

网民的观点	频数/次	占比
赞同，相较及时公布信息而言，处理问题比较重要	1327	27.7%
一般，二者同样重要	546	11.4%
不赞同，比较及时处理问题而言，公布信息比较重要	293	6.2%
首要任务应当是及时对外公布相关信息	55	1.1%

尽管网民认为处理事件比及时公布信息更为重要，但这并不意味着相关部门可以不及时公布信息，相反，及时公布信息对阻止网络空间中出现谣言和减少公众恐慌情绪是非常必要的。但是，由哪些部门或主体公布信息更为合适，更能让网民信任，这对于网络舆情引导来说也是需要我们深思的问题。由表 4-21 可知，由于相关责任部门掌握着突发动物疫情公共危机的一手资料，对于危机事件的起源、发展、损失和政策等有更为全面、及时和真实的把握，因此有 47.5%的网民表示非常信任相关责任部门，总计有超过七成的网民表示信任，这就要求相关责任部门应当在事件发生后承担起公布信息的责任。

表 4-21　网民对相关责任部门发布信息的信任程度

网民的观点	频数/次	占比
非常信任	2274	47.5%
信任	1347	28.2%
一般	1031	21.5%
不信任	123	2.6%
非常不信任	11	0.2%

在对上级部门和责任部门的信息信任程度上，由表 4-22 可知，网民中有 43.1%表示比较信任责任部门，当然也不能忽视其中仍有接近三成的网民表示更信任上级部门。

表 4-22　网民对上级部门与相关责任部门信息的信任程度

网民的观点	频数/次	占比
更信任上级部门	423	8.8%
相对而言，比较信任上级部门	926	19.4%
两者信任程度差不多	1298	27.1%
相对而言，比较信任责任部门	2064	43.1%
更相信责任部门	75	1.6%

二、网民对媒体发布信息的信任状况

在对媒体的信任上，对于主流媒体和非主流媒体发布的信息，网民会有不同的信任偏向。由表 4-23 可知，相对而言，比较信任腾讯、网易等主流媒体发布的信息的网民超过三分之二，说明网民更信任具有一定规模、品牌等的主流媒体。而偏向于相信其他非主流新闻媒体的网民仅占 2.7%，说明网络主流新闻媒体的信任度仍然远远高于其他非主流新闻媒体。因此，对于网络舆情引导的主体来说，应更多地利用主流媒体去发布信息。

表 4-23 网民对主流媒体与非主流媒体发布信息的信任

网民的观点	频数/次	占比
更信任腾讯、网易等主流媒体发布的信息	831	17.4%
相对而言，比较信任腾讯、网易等主流媒体发布的信息	3290	68.7%
二者信任程度差不多	537	11.2%
相对而言，比较信任其他非主流新闻媒体	109	2.3%
我完全信任其他非主流新闻媒体	19	0.4%

在突发事件中，网民对于 QQ、微信、论坛等即时通信平台发布的信息信任度存在差异。由表 4-24 可知，会看一点或有点信任即时通信平台发布信息的网民超过 60%，而表示不太信任的网民仅占 2.5%，这说明网民对于突发事件中即时通信平台发布的信息的信任度普遍偏高，这主要是因为网民日常生活中已经高度融入各种通信软件中，因此有很多信息来自这些平台。由于即时通信平台的信息传播速度几乎是零距离的，而且网民处在这些平台中，相互之间的熟悉、高密度交往和信任度让众多网民忽略了对信息真假的甄别，从而会将这种熟悉感带入对网络信息的信任。这提醒网络舆情引导主体不仅应关注网民的高参与，而且应多关注和监管好各类即时通信平台。

表 4-24 网民对即时通信平台信息的信任

网民的观点	频数/次	占比
每次都看，非常信任	808	16.9%
会看一点或有点信任	3043	63.6%
一般	817	17.0%
不怎么查看，也不太信任	109	2.3%
从来不看，也不太信任	9	0.2%

对政府部门与其他媒体发布的信息而言，由表 4-25 可知，信任政府部门发布的信息比信任媒体信息的网民更多，有超过 64.6%的网民表示比较或更加信任政府部门发布的信息，说明政府部门相较于媒体来说在网民中具有更高的权威和信任度。当然，也有 13.9%的网民表示比较或完全信任媒体信息。因此，在突发动物疫情发生后，政府部门一方面要及时处理好事件，防止事态扩大或者损失扩大，另一方面要及时公布和更新信息，以满足网民对于信息的需求和相关利益诉求。

表 4-25　网民对政府部门发布信息与媒体发布信息信任程度的比较

网民的观点	频数/次	占比
更加信任政府部门发布的信息	2175	45.4%
相对而言，比较信任政府部门发布的信息	921	19.2%
二者信任程度差不多	1029	21.5%
相对而言，比较信任媒体信息	534	11.2%
不赞同，完全信任媒体信息	127	2.7%

三、网民对意见领袖信息的信任

之前的分析显示，意见领袖对网民的影响也是不容忽视的。由表 4-26 可知，有 12.4%的网民明确表示有影响，22.2%的网民表示会有一点影响，只有 12.6%的网民表示不会有太大影响或完全没有影响，有超过一半的网民认为意见领袖对自身观点的影响一般，但相比意见领袖对自身观点没有影响的网民人数，会造成影响的网民人数明显高出很多。在信息社会，各类论坛、贴吧、微博甚至隐藏在微信群中的意见领袖往往是舆论的源头和始发地，他们对网民的知识、观点、态度和情绪都有不同程度的影响。因此，要清晰筛选和厘清在这些网络场域中的意见领袖，加强日常教育和监管，尤其是在突发事件发生后，要密切关注意见领袖的言行，引导他们从正面影响网民。

表 4-26　意见领袖信息对网民的影响

网民的观点	频数/次	占比
有影响	595	12.4%
会有一点影响	1061	22.2%
一般	2529	52.8%
不会有太大影响	513	10.8%
完全没有影响	88	1.8%

总之，网民对于不同渠道和信息载体的信任是存在差异的。首先当多个网络

载体放在一起进行比较时，网民最愿意相信的是腾讯、网易等主流新闻媒体，原因主要在于一方面这些主流媒体现在已经成为很多网民重要的信息来源，另一方面随着国家对于网络媒体的管理越来越规范，尤其是针对主流媒体的监管出台了不少制度和法律，主流新闻媒体在报道相关事件信息时往往会比非主流媒体更为客观和慎重，因此成为网民可信任的信息渠道之一。其次，网民对新闻发布会的信任也占比较高，达到 40.6%，新闻发布会毕竟是集中的、面向多个媒体的面对面信息发布方式，在新闻发布会上所公布信息的主体往往是掌握事件真相或距事件真相最近的相关部门和人员，而且怎样进行信息公布，无论是信息本身、新闻发言人、发言方式等都会在发布会前有精心的准备，因此在网民心中具有较高的信任度。最后，尽管主流媒体的权威性和客观性对于大多数人来说要强于非主流媒体，但是也有一部分人对主流媒体和新闻发布会等形式持怀疑态度。值得注意的是，传统媒体的新闻信息功能正在不断减弱，而且通过传统媒体获得资源的网民并不多，因此尽管传统媒体具有一定的权威性，但是网民并没有将其选择为最可信任的渠道，同时，即时通信交流平台等也并不为大多数网民所信任。调查结果提醒网络舆情的引导主体，在突发动物疫情发生后，有关事件信息的公布仍选择主流媒体和政府的新闻发布会等，但也不能忽视非主流媒体的作用（图 4-1）。

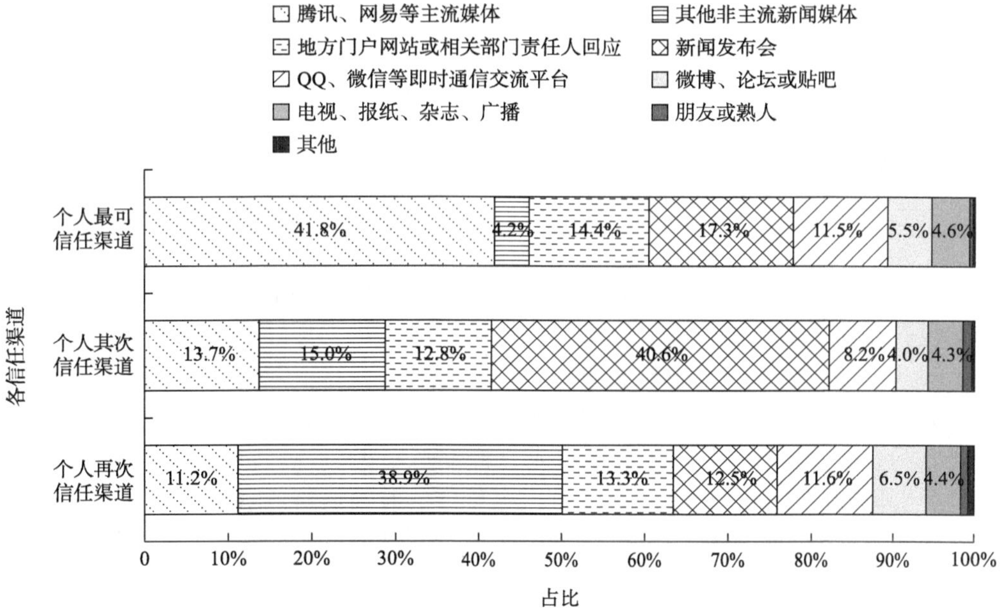

图 4-1　网民信任的信息渠道

注：在个人最可信任渠道中，朋友或熟人占比为 0.2%，其他占比为 0.4%；在个人其次信任渠道中，朋友或熟人占比为 1.1%，其他占比为 0.3%；在个人再次信任渠道中，朋友或熟人占比为 0.7%，其他占比为 0.9%

第五章　突发动物疫情网络舆情引导主体的对比研究

本章主要对突发动物疫情公共危机网络舆情引导的主体进行对比分析，具体包括公共权力部门引导主体（政府危机管理部门、政府网络管理部门等）、媒体引导主体（网络媒体、传统媒体等）、个体引导主体（意见领袖及普通网民等），并分析了不同主体在网络舆情引导中的优势与局限。

第一节　公共权力部门引导主体

一、政府危机管理部门

中华人民共和国成立以来，我国在公共危机管理方面取得了一系列成就，其中就包括建立了职能有分工、权威分层级的政府危机管理体系，从中央到地方建立了统一领导组织协调的危机管理公共部门及机构，这些危机管理部门和机构有相应的权限及义务。例如，在中央设置有国家安全委员会，作为我国危机管理的重要机构，同时国务院办公厅下设有应急管理办公室，在各部委有相应的分部门、分种类管理的应急管理机构。再如，根据相应的政策法规，我国建立了抗洪、消防、地震、安全监管、海事处理、卫生防疫等管理机构和应急危机管理的体系，这对我国危机治理起到了重要作用。

就本书而言，动物疫情公共危机治理的政府危机管理部门既包括不同层级的政府危机管理部门与人员，也包括不同职能配置的部门与人员。2015 年 4 月 24 日，第十二届全国人民代表大会常务委员会第十四次会议通过了《全国人民代表大会常务委员会关于修改〈中华人民共和国电力法〉等六部法律的决定》，我国目前实施的《中华人民共和国动物防疫法》也于同日开始实施，根据该法的规定，我国的动物疫病分为一、二、三类等，针对不同类型的疫病病种，详细规定了具体的防疫措施。《中华人民共和国动物防疫法》第四条规定："根据动物疫病对养殖业生产和人体健康的危害程度，本法规定管理的动物疫病分为下列三类：（一）一类疫病，是指对人与动物危害严重，需要采取紧急、严厉的强制预防、控制、扑灭等措施的；（二）二类疫病，是指可能造成重大经济损失，需要采取严格控制、扑灭等措施，防止扩散的；（三）三类疫病，是指常见多发、可能造成重大经济损失，需要控制和净化的。前款一、二、三类动物疫病具体病种名录由国务院兽医主管部门制定并公布。"根据不同的疫病等级及有关动物疫病防控职能分工，各级人民政府（包括乡级人民政府、城市街道办事处）的职责由 2015 年修正通过的《中华人民共和国动物防疫法》第六至第九条作出了具体规定。第六条规定："县级以上人民政府应当加强对动物防疫工作的统一领导，加强基层动物防疫队伍建设，建立健全动物防疫体系，制定并组织实施动物疫病防治规划。乡级人民政府、城市街道办事处应当组织群众协助做好本管辖区域内的动物疫病预防与控制工作。"第七条规定："国务院兽医主管部门主管全国的动物防疫工作。县级以上地方人民政府兽医主管部门主管本行政区域内的动物防疫工作。县级以上人民政府其他部门在各自的职责范围内做好动物防疫工作。军队和武装警察部队动物卫生监督职能部门分别负责军队和武装警察部队现役动物及饲养自用动物的防疫工作。"第八条规定："县级以上地方人民政府设立的动物卫生监督机构依照本法规定，负责动物、动物产品的检疫工作和其他有关动物防疫的监督管理执法工作。"第九条规定："县级以上人民政府按照国务院的规定，根据统筹规划、合理布局、综合设置的原则建立动物疫病预防控制机构，承担动物疫病的监测、检测、诊断、流行病学调查、疫情报告以及其他预防、控制等技术工作。"也就是说，各级兽医主管部门（主管本行政区域内的动物防疫工作）、其他政府部门（在各自的职责范围内做好动物防疫工作）、军队与武装警察部队动物卫生监督职能部门（分别负责军队和武装警察部队现役动物及饲养自用动物的防疫工作）、县级以上的动物卫生监督机构（负责动物、动物产品的检疫工作和其他有关动物防疫的监督管理执法工作）等，这都是处理动物疫情公共危机的重要的政府主体。如果动物疫情是公共危机，根据《中华人民共和国突发事件应对法》《突发事件应急预案管理办法》《突发公共卫生事件应急条例》等的规定，除了各级人民政府需要成立相应的突发事件应急管理指挥部之外，各级卫生管理部门也是重要的危机管理主体。因此，这些危机管理主体在线上线下的活动都能对动物疫情网络舆情的引导产生实际的影响。根据以上的分析可知，网络舆情引导是政府危机处置的重要工作，是现代信息社会政府危机管理部门必须熟悉且需要履职的重要领域。可以说，功能设置齐全、结构相对完善、权力配置适当及人员配备充足的政府危机管理机构，不仅是危机管理的基础，而且是引导网络舆情最重要的主体。

政府危机管理部门在突发动物疫情公共危机中进行网络舆情引导具有一些优势。

第一，及时性。突发动物疫情发生后，由于政府危机管理部门对疫情的产生、发展状况、影响情况及损失状况等信息掌握得较为及时和全面，因此能够准确地且有针对性地对突发动物疫情做出反应。随着网络信息技术的发展，政府危机管理部门也都建立了各自的网络信息平台或政务平台、官方微博等，通过官方的政务平台或者利用各种新闻发布会、记者会或集中采访等线上线下方式，政府及时通报动物疫情的信息，不仅能够尽快平息危机，而且能够及时地疏导网民情绪、平衡网民心态、控制网络舆情发展的方向。实践经验表明，政府危机管理部门对突发动物疫情的具体危机舆情反应越快，与网民及媒体的沟通越迅速，舆情被引导得就越好；相反，政府危机管理部门如果在突发动物疫情事件中反应迟缓，越是隐瞒相关或拖延相关信息，网络谣言就会越多，越不利于网络舆情的引导。

第二，权威性。政府危机管理部门作为公共权力机关，其行为具有一定的权威性和强制性，政府出台有关舆情引导的制度政策和措施，其执行都是以国家强制力作为后盾的，社会公众有遵守的义务，若违反还有可能受到相应的惩罚。此外，突发动物疫情公共危机发生后，无论是利益相关者（如养殖户、经销商等）还是普通网民，都会将目光投向政府部门，尤其会关注政府危机管理部门对突发动物疫情的回应，甚至对于部分网民来说，似乎只有政府危机管理部门的回应和引导才是权威的。

第三，可信性。突发动物疫情公共危机发生后，有关突发事件的信息必然很多，如媒体信息、现场目击证人发言、动物疫病受损的利益相关者的发声、街头巷尾的议论、政府相关部门的辟谣和澄清的信息，各种信息由于网络的便捷性、管理的松散、网民大多处于匿名状态等特征，加之自媒体信息传播渠道广、传播速度快，而且有时候许多消息并没有得到证实就很快在网络空间中出现。而对于大多数网民而言，由于缺乏可靠的信息来源和辨别真假的专业知识，因此他们只能根据之前的习惯和传统思维来进行判断。公众相信，政府作为社会管理的主体，其所发布的信息，应该是经过证实且负责任的，政府作为公权力的代表在处置突发动物疫情时，民众一般认为它应该会站在公正的角度和立场处理突发动物疫情，不会偏袒任何一方，且会以社会大多数人的利益作为出发点，公众更愿意相信官方公布的信息。美国心理学家奥尔波特提出的著名传播学公式认为，流言的流通量等于问题的重要性加上证据的暧昧性。政府危机管理部门是处理突发动物疫情最重要也是最直接的主体，在处理动物疫情危机过程中，动物疫病的起因、动物疫情的防护和控制、染病和划定疫区的现场组织救援等，这些信息的收集和整理，应该说政府危机管理部门相较于其他部门而言，应该是最多、最全、最真实的，疫情是不是严重，最有发言权的是距疫情最近的危机管理部门，证据是否可靠，信息是否发布准确、事实是否清晰、立场是否统一也是危机管理部门优越于其他主体的特征所在，是其他组织无法比拟的。

第四，效率性。根据相关法律法规的规定，政府危机管理部门在处置突发动物疫情公共危机时，拥有相应的公共职权。《突发公共卫生事件应急条例》第三条规定："突发事件发生后，国务院设立全国突发事件应急处理指挥部，由国务院有关部门和军队有关部门组成，国务院主管领导人担任总指挥，负责对全国突发事件应急处理的统一领导、统一指挥。国务院卫生行政主管部门和其他有关部门，在各自的职责范围内做好突发事件应急处理的有关工作。"第四条规定："突发事件发生后，省、自治区、直辖市人民政府成立地方突发事件应急处理指挥部，省、自治区、直辖市人民政府主要领导人担任总指挥，负责领导、指挥本行政区域内突发事件应急处理工作。县级以上地方人民政府卫生行政主管部门，具体负责组织突发事件的调查、控制和医疗救治工作。县级以上地方人民政府有关部门，在各自的职责范围内做好突发事件应急处理的有关工作。"这些制度职权的规定，能够让危机管理部门具有较其他组织更多的政治优势、组织优势和资源调配优势。因此，政府危机管理部门在舆情引导方面也比其他组织更具有效率性。

但是，政府危机管理部门进行突发动物疫情网络舆情引导也具有一定的局限性。一是政府的权威性和影响力决定了政府在进行信息发布和舆情引导时需要慎之又慎，若处置不当就会产生较大的影响甚至是不良影响。速报事实是政府危机管理部门的要求和优势，但是先报原因、再报进展等要求也使得政府在进行舆情引导时所受的约束更多，这在某种程度上也会影响舆情引导的效果。二是政府是公权力的代表，尽管公信力较其他组织而言更强，但是亲和力欠缺，在网络舆情引导过程中如果有不当言行，也很容易丧失公信力，并会影响突发动物疫情的危机处置效果。三是政府危机管理部门所接触网民的数量毕竟有限，通过记者会、新闻发布会、政府网站平台或政务微博等渠道进行舆情引导的效果也是比较有限的。

二、政府网络管理部门

政府网络管理部门主要指的是以推进网络基础设施建设、规范网络秩序、打击网络犯罪、维护网络信息安全等为职责的政府相关职能部门。《中华人民共和国网络安全法》（2017 年 6 月 1 日生效）第八条规定："国家网信部门负责统筹协调网络安全工作和相关监督管理工作。国务院电信主管部门、公安部门和其他有关机关依照本法和有关法律、行政法规的规定，在各自职责范围内负责网络安全保护和监督管理工作。县级以上地方人民政府有关部门的网络安全保护和监督管理职责，按照国家有关规定确定。”各级政府电信主管部门（如通信管理局）负责组织协调通信与信息安全、党政专用通信和应急通信工作等，公安部门是负责计算机国内与国外的信息安全和打击犯罪行为的部门。同时，各级政府的新闻办公室也会负责各自区域内的网络信息内容监察，如国务院新闻办公室负责全国范围内的网络信息内容监察、负责互联网上意识形态工作等。此外，另外两个涉及网络管理的部门也不容忽视，一个是中国信息安全测评中心，它的主要职责是：开展信息安全漏洞分析与风险评估；开展信息技术产品、系统和工程建设的安全性测试与评估；开展信息安全服务和信息安全专业人员的能力评估与资质审核；开展信息安全技术咨询、工程监理与开发服务；从事信息安全测试评估的理论研究、技术研发、标准研制；出版《中国信息安全》杂志等。第二个重要机构指的是国家计算机网络与信息安全管理中心，它的主要职责是负责管理和运行国家计算机网络的内容监控与应急协调工作。目前来看，这两个机构在国家信息安全管理方面发挥着技术支撑的作用，承担着重要的网络管理工作。总之，这些网络管理主体及其涉及网络管理的政府部门，在突发动物疫情公共危机中，都是重要的网络舆情引导主体。

在突发动物疫情公共危机网络舆情引导的过程中，这些政府网络管理部门具有自己的特点和优势。一是法律和制度优势。突发动物疫情公共危机发生后，对网络舆情进行正确引导、净化网络空间应该是政府网络管理部门的重要法定职责，根据前文有关相应网络管理部门的职责可知，这些部门具有法律制度方面的优势，国家不仅赋予了这些部门在日常生活中的网络管理职权，而且赋予了这些部门在突发公共危机中进行网络信息安全、网络信息内容监管的职权，相较于其他政府危机管理部门，这些部门的网络管理更有法律和制度方面的优势。二是组织和资源优势，各类网络管理部门从中央到地方都有相应的机构和人员，每个部门要求对其所在区域内的网站、网络平台、网络场所及其人员信息都能够掌握，因此在突发动物疫情发生后，政府网络管理部门不仅能够比较迅速地组织起本区域内的媒体、平台对相关信息进行报道，同时能够在第一时间要求一些网站或论坛处理一些非理性的网络信息，从而达到网络舆情引导的目的。三是技术和平台优势。政府网络管理部门作为专门的网管机构，其网络管理和网络舆情引导的技术自然不能忽视。这些部门不仅在硬件上需要拥有比一般管理机构更为先进的网络监管设备，在组织上设计更为健全的计算机网络安全管理与监管体系，同时在人员配备上也拥有比一般政府管理部门更多的网络技术人员。突发动物疫情公共危机发生后，通过专业技术人员利用专业的设备和健全的体系及时进行网络舆情的监控，并在适当的时候采取相应的引导方法，政府网络管理部门在这些方面显然具有更明显的优势。

当然这些部门进行的网络舆情引导及其采取的方法也与政府危机管理部门一样，利用的都是公共权力，具有强制性等特点，这些强制性的网络舆情引导与其他主体的引导相比较，权威性较高，但亲和力不够。需要这些部门掌握适当的方法，才能有效做好舆情引导工作。

第二节　媒体引导主体

随着互联网的发展，加之新媒体对整个社会的传播生态产生了较为深远的影响，同时引起了传播领域的深刻变革。当下，新媒体已经成为人们了解世界动态、获得新闻资讯、实现即时沟通的重要载体之一，尤其是网络媒体甚至成为突发事件的策源地或者点火器，因此，在突发动物疫情发生后，任何一个政府部门、任何一个社会组织与个人都很难不去关注媒体及其态度，从而调整自身的应急处置理念与应急处置措施。由前文的分析可知，突发事件尤其是突发动物疫情，由于其往往具有一定的传染性和发展的迅速性，且与一定范围内的社会组织和个人的切身利益相关，因此媒体往往热衷于报道此类新闻，容易成为媒体关注的焦点。同时，突发动物疫情具有较高的新闻价值。其一，因为其爆发突然、发展迅速，往往难以预料，所以影响较为广泛。新闻媒体报道的一个原则就是新闻的“新”，也就是非常规性的状况，这样容易吸引公众的目光。其二，突发动物疫情报道出来后，不仅染病动物的物主会因此受到或大或小的经济损失，而且因为疫情本身具有一定的扩散性，其他的利益相关主体也会被波及，甚至一些人畜共患的动物疫病，还会对人的身心健康产生较大的影响，因此突发动物疫情容易引起社会的关注。经媒体报道后，能够在短期之内吸引受众的目光，往往在很短的时间之内就集聚大量的民众。其三，民众对媒体的高度关注，又会进一步促使媒体加大报道力度，从而更深入地追踪报道该类事件。其四，由于媒体与媒体之间、传统媒体与现代媒体之间都存在着一定的竞争关系，尤其是新闻竞争非常激烈。媒体出于自利性的考虑，会想尽办法满足观众好奇心，吸引民众的注意力，从而掌握舆情的引导力。无论是传统媒体还是新兴网络媒体，都存在极力吸引更多观众注意力的动机。因此，我们应该同时注意网络媒体与传统媒体在突发动物疫情事件中网络舆情引导的作用，分析它们各自所具有的优点和缺点，加强网络媒体与传统媒体之间的合作，加强媒体引导主体与其他舆情引导主体之间的合作，从而形成有效引导、良性互动的新局面。

一、网络媒体

突发动物疫情网络舆情扩散的主体是网民，扩散的媒介主要通过网络，扩散的方法主要是各种网络方法和途径，因此，网络媒体应成为舆情引导的“主力军”。网络媒体主体作为舆情引导的主体，具有以下一些优势。

（一）速度快

网络媒体不像传统媒体，突发事件发生后，传统媒体要派记者去采访采稿，还需要进行后期处理，再加上审稿和播出（刊出）的时间，舆情的形成事实上需要一段时间去酝酿，即使是新闻播出（刊出）后，由于人们之间的沟通渠道并不像网络那样迅速，因此要推动舆情的发展也不像网络那样迅速，所以才会有传统的观点，即官方处置突发事件的黄金 24 小时。然而，网络社会热点会在很短的时间之内形成，因为网络舆情摆脱了传统媒体各种程序上的束缚，大大缩短了各种信息的传播距离，一旦突发动物疫情发生，尤其是重大的动物疫情，社会各类主体会在短期之内聚集，网络媒体能够在第一时间把与疫情相关的图片、视频、讨论文字等都发布到网络上，并且能够在很短的时间内对事件进行追踪报道，事件发展的动态能够以分钟的速度进行更新，因此能以最快速度吸引观众的眼球。网络媒体不仅具有高速度，而且其即时互动性更是将网络媒体报道的突发动物疫情事件聚焦，网民可以通过评论、发帖和跟帖等方式对事件及其动态做出迅速反应。因此，网络媒体的反应非常便捷和迅速，而且更容易聚焦众人的反应，激起网民强烈的公众舆情。

网络媒体具有传播速度快的特点，因此网络媒体作为舆情引导主体的反馈速度同样能够做到速度快，网络媒体可以及时监控网民的各类反应，也可以即时回应网民的诉求，如发现有疫情受害者的诉求可以及时进行解释，如发现有传播未经证实的信息可以及时进行澄清，如发现有非理性言论可以即时删帖，并且能够组织网民进行跟帖，净化网络论坛或者跟帖空间。总之，网络媒体的即时和速度使得舆情引导也能做到相应的快速。

（二）多元化

网络媒体除了速度快的特点之外，另一个重要的特征就是多元化，网络媒体作为继报纸、广播、电视等之后的新兴媒体，因为其可以承载大量的信息和多种形式的信息而被称为第四媒体。网络媒体的多元化表现在以下几个方面。一是内容多元，网络空间中各种类型的话题都可以讨论。二是网络载体多样。只要能够链接到互联网的载体都可以成为网络载体，手机、电视、电脑等各种通信终端都可以实现上网，从而成为网络舆情的载体，且网络空间中各类平台也很丰富，如短信、论坛、贴吧、微信、博客、腾讯 QQ、脸书等都可以承载网络舆情。三是形式多元，网络载体不像报纸那样限于版面、不像广播和电视那样限于频段和时间段，网络载体在理论上可以无限扩展，在实践中空间也巨大，因此网络内容形式是多样的，不仅有文字、图片，还有动画、视频等。网络的这种多元化使得现代社会任何一个重大事件不仅不能避免上网，而且在事件中各方主体的表现和行为、事件的各种动态都被置于网络媒体和网民的监督下，政府危机管理部门及网络管理部门的行为尤其是出现不恰当的行为时又可能成为网民关注的新焦点。网络的多元化使得网络媒体在进行舆情引导时也可以做到手段多元，利用各种网络载体，采用多种形式手段，开展有针对性的舆情引导，这是网络媒体优越于其他舆情引导主体的另一个优势。

（三）互动性强

传统媒体是单向传播媒体，无法实现与大量的观众进行即时的沟通互动。但是，网络媒体的最大特点就是能够在网络空间中实现一种双向的、互动式的信息传播。一方面，网络媒体能够在网络空间中实现网络媒体与网民之间的互动，如网络媒体通过开通新闻的评论功能，网民可以利用这一功能实现对媒体信息的评论，表明自己的观点和态度，从而网络媒体能够掌握网民的思想动态，网络媒体还可以通过评论功能实现与网民的互通和对话；另一方面，网络媒体也能实现不同网民之间的互动，网民与网民之间通过网络的评论功能互相评价对方的观点，同时可通过网络论坛、即时通信工具实现多维互动。借助网络的便捷性，网民之间还可以同时在不同的网站或论坛中自由切换，因此也可以把一个网站或论坛或贴吧中的话题带到另一个网站或贴吧中，实现话题的跨网站空间流动和互动。网络媒体可以实现与传统媒体之间的互动，尤其是在信息资源共享的背景下，对网络新闻进行协同报道，共同挖掘和追踪，同时可以相互之间借助对方的影响力从而扩大网民的议题，形成更为强大的舆论。网络媒体所具有的互动性给网络媒体进行舆情引导带来了互动性更强的效果。网络舆情引导的效果如何，在互动的环境下很快就能得到反馈；舆情是否得到了控制，舆论是否已经朝着预期的、有利于危机化解的方向发展，通过网络媒体的即时互动便能了解。

当然，网络媒体进行舆情引导也有一些弊端，主要在于网络媒体的互动性强。网络媒体之间无障碍地与网民、网站及传统媒体进行互动，容易在不同网民间、网站和平台间、不同媒体间传递话题和情绪，因此稍有不注意，各种网络观点、情绪、信息就会在各个载体和平台中传播，若网络舆情引导掌控得不好容易引发新的舆情事件。

二、传统媒体

传统媒体是指传统的报纸、广播及电视等媒体，这些媒体具有单向传播的特征。由于传统媒体已经陪伴人类很长时间，在很大一部分人的眼里，尤其是一些年长的老年人，对于信息媒体的接受度还不够，网络媒体运用不娴熟也不习惯，传统媒体已经融入他们的生活，因此对于这一部分人来说，传统媒体发挥着不可替代的作用。此外，因为传统媒体在人们心目中的地位也比较牢固，人们不仅较为依赖传统媒体，而且对传统媒体的信赖程度会优于其他媒体。一部分网民除在网络上浏览信息之外，仍然保留着使用传统媒体的习惯，让两部分信息进行交换和补充，且认为传统媒体更为可靠和值得信赖。在网络中获得的信息或新闻，有时还希望在传统媒体中得到某种验证。因此，相对于网络媒体和其他网络舆情引导主体，传统媒体也具有自己的优势：一方面传统媒体的舆情引导能够影响到一部分网民，而且是一部分特殊的网民；另一方面传统媒体由于自身存在的时间长，部分观众对其产生了依赖性，有些观众甚至认为只有电视上和报纸上的信息才具有可靠性和可信性，因此当突发动物疫情发生后，有很大一部分网民除了接收网络媒体有关该事件的报道信息，他们也会尽可能地去关注传统媒体，尤其是从主流传统媒体对网络媒体的信息进行验证。事实上，传统媒体在获得相关动物疫情信息后，确实不像部分网络媒体那样求快求新，第一速度发布新闻信息，而是需要经过现场采编、多方验证、选题报审、后期制作、编排播出等多个环节，这些环节不仅是节目制作或稿件的修改过程，同时是在不断验证和审核的过程，经过这些环节的新闻稿件或者新闻节目，其信息的可靠性更有保障。所以，在突发动物疫情公共危机网络舆情引导的过程中，传统媒体所具有的影响力和可信性是网络媒体所不能比拟的。因此，舆情引导主体需要重视传统媒体的舆情引导作用，发挥传统媒体的优势。

总之，在突发动物疫情公共危机出现后，要积极推动网络媒体与传统媒体之间的合作，在网络媒体和传统媒体间形成良性互动，利用网络媒体的速度和互动功能，及时和有效地引导网民，利用传统媒体的公信力和权威性，澄清部分不良网站的谣言和未经证实的信息，纠正和引导一些网民的非理性言论，两者之间相互合作，互相放大和引导正面舆论。

第三节　个体引导主体

一、意见领袖

意见领袖（opinion leader）又被称为舆论领袖，一般是指在网络信息传播和人际互动过程中，那些对其他人的观念和意见能构成影响的、具有一定活动能力的人。这些人作为大众传媒的解读员和传达者，不仅是信息传播的过滤器，也是网络人际沟通中的中介。由于意见领袖一般都拥有相当数量的粉丝，这些粉丝往往热衷于通过网络平台和渠道来进行时事评论，发表自己的意见，以此来贴近网民和影响网民。利用意见领袖来引导舆情，具有以下一些优点。一是具有号召力。在信息传播过程中，意见领袖不仅能够迅速传递信息，而且往往能够利用自己的专业知识表达自己情绪、观点和建议意见，从而让网民觉得他们的观点是有温度的观点，他们的很多意见和建议容易引起粉丝的共鸣，对舆论与有较大的影响。因此，如果他们能够参与舆情引导，传播正向的能量和信息，可能具有较大的号召力。二积聚人气的优势。这些意见领袖无论是各行各业的精英，还是草根领袖，一般都具有较强的号召力，所以能够在短期之内聚集较多人气，这符合舆情引导的速度要求。三是亲切且真实。意见领袖虽是实名认证，但他们发布的信息又不会像传统媒体那样权威，而是采用一种随意和轻松的方式，因此对网民来说，这些意见是更加容易接受的。四是专业性，意见领袖中有很大一部分是各自行业的专家，具有专业的背景和知识，因此动员他们参与舆情引导，对于网民来说，专业性更强。当然，意见领袖作为舆情引导的主体也具有自身的局限性：一是他们影响的范围有限，只有对他们有关注的网民而且主动浏览他们信息的网民才能受到影响；二是如果意见领袖发布的是不实信息，不仅对舆情引导不利，而且有可能推动舆论朝相反的方向发展；三是意见领袖的管理相对松散，大多数时候主要靠他们自律，因此，要将他们组织起来作为舆情引导的主体，组织难度大，而且不容易监督和管理。

二、普通网民

普通网民作为网络舆情引导的对象，我们一般很少关注或重视他们也可以作为网络舆情引导的主体问题。事实上，自 1994 年 4 月中国与国际互联网进行全功能接入至今，20 多年来互联网有力地保障了人民群众的知情权、参与权、表达权和监督权，而网民的这四项权利中，参与权和监督权等都不仅要求网民作为网络使用的主体或舆情引导的对象，而且有权利和责任义务去对网络中一些不理性的现象进行监督和引导。不仅如此，无论是政府危机管理部门还是政府网络管理部门，抑或是媒体和意见领袖等主体，都是被动的网络舆情引导主体，都属于介入性的舆情引导主体，这几类主体的共同特点是他们需要非常注意自己在舆情引导中的行为，需要避免物极必反的结果。而作为普通网民，则是在一种非常自然的情况下进行的“引导”，甚至他们自己都没有意识到自身的言论已经起到了舆情引导的作用。那么，作为普通网民是通过什么样的方式来实现网络舆情引导的？在突发动物疫情公共危机中，网络中的网民往往被分为三类，一类为理性的网民，另一类为非理性的网民，还有一类是没有自身态度的网民，那些能够起到网络舆情引导作用的普通网民存在于理性网民之中。他们中一部分能够对突发动物疫情产生的影响有客观的判断、对突发动物疫情的防控提出切实可行的方法建议、对突发动物疫情的受害者能够有理性的同情理解和情绪疏导、对突发动物疫情的走向有科学的判断等，如果这部分普通网民在网络中能够提供这些正向的言论和信息，对普通网民的引导作用是显而易见的，而且这部分人越多，就越有可能吸引那些没有自己态度的网民，甚至那些非理性的网民，这事实上起到了网络舆情引导的作用。普通网民在网络舆情引导过程中的优势是显而易见的。一是示范性。对于普通网民来说，最好的示范莫过于这个示范样本就在身边，这部分网民本身就是普通网民的一部分，网民需要去学习和效仿的对象首选的应该是这一部分生活在自己身边的人。在网络空间中，普通网民若有理有据有度地表达理性信息和言论，对其他网民会产生重要引导效果，这部分网民的言论、态度和情绪、行为对普通网民具有示范效应。二是亲和性。普通网民中的这部分人，是在无意中或无形中起到示范作用的，因此他们与其他普通网民之间是没有隔阂的，他们之间具有天然的亲和关系，普通网民在受他们影响的过程中，不知不觉中会成为他们中的一员，这正是舆情引导的最好状态。可见，网民作为网络舆情发展的核心主体，需要提高他们的媒体素养、理性思维和法律素养等。

第六章　突发动物疫情网络舆情引导的方法与策略研究

本章总结几种网络舆情引导方法的特点，主要分析事件处置引导方法、制度性引导方法、媒介引导方法、社会手段引导方法等，通过案例总结了有关动物疫情公共危机网络舆情引导的阶段，并对不同的阶段提出了差异化的网络舆情引导策略。

第一节　突发动物疫情网络舆情引导的方法

一、事件处置引导方法

根据前文的分析及已有的研究成果，突发动物疫情是触发网络舆情、推动舆情发展的主要因素，因此，要平息舆情、引导舆情朝有利的方向发展，最为紧要的措施是事件处置。本书所指的事件处置引导方法是通过对突发动物疫情事件采取科学有效的处置手段，以达到阻止网络舆情蔓延及引导舆情走向，最终达到舆情消解的目的。事件处置引导方法是危机治理主体最容易首先想到的方法和采取的手段，也是公共危机舆情引导过程中需要采取的必要措施。因为只有疫情被控制了，养殖户、经营户的损失才不至于继续扩大，消费者才有可能重建信心，相关利益主体才能主动澄清危机事实，并主动退出网络舆论的讨论，社会秩序才能稳定有序。只有疫情被控制住，网络谣言才会失去传播的种子，网络舆情才会充满正能量。如果说其他引导方法是针对网络舆情引导治标的话，那么事件处置方法则是治本之策。

事件处置引导的方法要求突发动物疫情确定发生后，危机管理部门及其人员应按照《中华人民共和国动物防疫法》（2015 年修正）、《重大动物疫情应急条例》（2005 年）、《中华人民共和国突发事件应对法》（2007 年）等的要求，全面贯彻 2012 年国务院颁布的《国家中长期动物疫病防治规划（2012—2020 年）》，有关动物疫情防控的“加强领导、密切配合，依靠科学、依法防治，群防群控、果断处置”的 24 字方针，依据疫情的具体情况及时发布封锁令、及时启动应急预案，并能有效组织、协调有关部门控制和扑灭疫情。同时，要调动相应的人力、财力、物力等资源，确保动物疫情的影响得到消解。具体而言，应该做到以下几点。

1）采取切实有效的方法防止和控制疫情蔓延

突发动物疫情发生后，各级各类动物疫情处置部门应采取及时、果断、科学有效的方法防止动物疫情蔓延。首先，动物防疫监督机构负责按照制度规定需要对动物疫情进行监测，应及时发动从事以下活动的单位与个人，如从事动物隔离、疫病监测、疫病研究与诊疗、检验检疫动物饲养、屠宰加工、运输、经营等活动的企业或个人，有效地监测动物疫病，一旦发现动物出现群体发病或者死亡的情况，严格按照要求逐级报告疫情，以便及时掌握疫情情况；动物疫情确定后，应及时启动应急预案，成立应急指挥部，按照应急方案制订应急工作计划。具体而言，县级以上地方人民政府兽医主管部门按照国家法律制度的规定，在判定疫病情况的基础上应当准确且及时划定疫点、疫区和受威胁区，及时安排相关工作人员进行疫源调查。根据不同动物疫病病种及其流行特点和危害程度划定动物疫情的分级情况。同时，确立疫点、疫区和受威胁区的范围，并针对不同区域及时采取针对性措施。《重大动物疫情应急条例》第二十九条规定：“对疫点应当采取下列措施：（一）扑杀并销毁染疫动物和易感染的动物及其产品；（二）对病死的动物、动物排泄物、被污染饲料、垫料、污水进行无害化处理；（三）对被污染的物品、用具、动物圈舍、场地进行严格消毒。”第三十条规定：“对疫区应当采取下列措施：（一）在疫区周围设置警示标志，在出入疫区的交通路口设置临时动物检疫消毒站，对出入的人员和车辆进行消毒；（二）扑杀并销毁染疫和疑似染疫动物及其同群动物，销毁染疫和疑似染疫的动物产品，对其他易感染的动物实行圈养或者在指定地点放养，役用动物限制在疫区内使役；（三）对易感染的动物进行监测，并按照国务院兽医主管部门的规定实施紧急免疫接种，必要时对易感染的动物进行扑杀；（四）关闭动物及动物产品交易市场，禁止动物进出疫区和动物产品运出疫区；（五）对动物圈舍、动物排泄物、垫料、污水和其他可能受污染的物品、场地，进行消毒或者无害化处理。”第三十一条规定：“对受威胁区应当采取下列措施：（一）对易感染的动物进行监测；（二）对易感染的动物根据需要实施紧急免疫接种。”

2）采取有效方法降低事件损失

突发动物疫情发生后，按照要求及时扑杀并销毁疫点、疫区内的染疫、易感动物及其产品，以及关闭交易市场等行为是有效预防、控制和扑灭动物疫情、保护公众身体健康与生命安全、维护正常社会秩序的必要措施。但是，这类措施如隔离措施、消毒措施、检疫措施、补偿措施等，都不可避免地会给财政和当地经济带来一定的影响。重大的动物疫情引致的重大经济损失可能会导致很大一部分家禽养殖户选择退出养殖行业，最终可能会给养殖行业带来严重影响。同时，这些受损主体，尤其是养殖户、经营户及消费者不可避免地会将受损的情绪带入他们的日常活动中，包括在网络平台上的虚拟行为中。毋庸置疑，在突发动物疫情事件中受损最严重的个人和组织，其态度和情绪一般更为激烈，更容易在网络中表达他们的态度和看法。因此，要进行有效的舆情引导，采取有效的方法尽可能地降低突发动物疫情事件对相关主体造成的影响是非常有效的手段。具体而言，可从以下几个方面着力。一是要准确划定疫点及疫区和威胁区域，防止因疫情判断和疫点疫区划定不准确而造成不必要的损失。二是国家对强制扑杀对养殖户造成的经济损失给予及时且有效的政策性补偿，并由财政负责科学的无害化处理。政府的疫情补偿是养殖户挽回部分损失并恢复生产能力的主要依靠。目前我国的扑杀补偿政策及无害化处理尚处于尝试阶段，各地因经济发展水平不一样，补偿执行标准差异比较大，使得补偿政策缺乏统一性，各地实施不同的补偿政策势必会给养殖户及经营户带来不同的影响，利益的差异会导致情绪与态度的差异。同时，尽管各地都需要进行无害化处理，但是不同的行政区域在无害化处理的措施要求、具体程序上等也存在差异，操作的复杂程度及效果也有差异。因此，各地政府应在能力范围内提高补偿额度，并根据实际需要扩大补偿的范围，保证补偿款能够及时足额发放到位，以减少利益受损户的心理伤害，帮助养殖户、经营户等恢复生产和经营。三是完善疫后恢复的产业政策，重振相关产业经济。张淑霞等（2015）通过对高致病性禽流感的研究，发现养殖户不仅是家禽生产的主体，同时是疫后家禽业恢复的主体。但是，疫后家禽业的恢复却不能只依靠养殖户自救，他们的研究还发现，养殖户是否愿意和能够恢复生产，不仅受到养殖户损失承受能力、养殖年限、劳动力数量等的影响，而且受到政府的补偿速度、补偿额度、补偿范围、政府帮助恢复养殖信心及政府重建工作满意度等因素的影响。因此，要重建养殖户信心、平复各主体情绪，有效进行网络舆情引导，还需要重视疫后的重建工作。例如，要加强疫情监测，准确判断和科学宣传疫情知识，同时要组织专业科技人员，对疫后的养殖生产、产业经营进行分析和培训，加强市场的监测分析，帮助养殖户科学应对存栏与补栏问题，帮助经营户重建经营网络等。要采取多种方法帮助养殖户与经营户建立多元化风险分担机制，如鼓励养殖户参加各种养殖合作社，对养殖户购买和参加商业保险给予一定的支持，提升养殖户及经营户的风险和损失承担能力，加快速度恢复生产和经营。

3）安抚好公众情绪，营造安全的社会环境

一般来说，网络舆情的缘起和发展、变异等离不开社会公众的参与及公众情绪、态度的爆发。在突发动物疫情发生后，其影响不仅局限于养殖户、经营户等利益相关者，而且由于其高致病性、高死亡率，尤其是一些人畜共患疫病，往往会伴随一定程度的公众恐慌，要控制和治理危机事件，必须引导好公众情绪。具体而言，需要利用多种公共信息渠道加大对公众的宣传，利用多种公共信息渠道传授防治疫病的基本知识及科学的流程，让公众在面对动物疫病时不恐慌，让他们认识到动物疫病并不可怕，只要按照科学的方法指引行为，一般都是可控的。同时，需要加大外部环境救助和支持力度，让网民认识到动物疫病是在政府和社会的可控范围内，而且无论是养殖户还是经营户等利益受损者，或是潜在的利益相关者，如果他们认识到政府或社会有完善健全的支持网络和措施，那么他们的情绪必然不会有太大的波动。因此，政府危机管理部门等及时针对突发动物疫情公共危机采取直接或间接的处置措施，能够有效安抚公众情绪，是网络舆情引导和平息的主要途径与根本出路。

二、制度性引导方法

网络舆情的制度性引导方法指的是用法律、制度、规则与政策等来规范和引导舆论的方法的总和。其引导方式是用制度来规范舆情主体，其目的是让舆情主体在制度的约束和指引下参与网络互动，达到消解网络舆情的目的。事实上根据第二章有关集合行为的表现与原因分析，在突发事件发生后，网络舆情泛滥，非理性舆论横飞，这种特殊的网络集合行为的产生尽管有其具体的环境和时机因素，但其中另一个重要的因素是“失范”，也就是在网络空间治理中，相关的制度规范尚未完善，网民、网站及网络服务商和接入商等各方主体，在网络这样一个崭新的平台中，政策规范尚未完全健全，因此才使得一部分人、一部分网络媒体等乘虚而入。相反，如果互联网法律体系完备，对互联网与网络行为有明确的规范，突发事件发生后，网民、网站及网络监管部门都能按照制度规范各司其职，都能明白自身的权利与责任及违反制度规范将要承担的法律后果，那么造谣诽谤、非法或非理性网络舆情就很难有生存的空间。

网络舆情制度引导方法是一套有层次、有阶段、全过程、全覆盖的制度体系。在层次划分上，既有中央和国家层面的制度规范，又要有地方政府出台的相应政策和制度规范；在阶段性上，既有日常的制度引导，又有应急阶段和恢复阶段的制度引导方法。

制度性引导方法的优点和特征主要包括：一是每个主体的权利与义务明确，

且将这些权利和义务规范化与制度化；二是具有一定的约束性，每个主体对照制度都能明白能做什么、不能做什么、应该做什么等，如果违反将要承担何种法律后果等；三是具有一定的权威性，制度性引导方法的手段和工具是制度本身，而制定制度的主体往往是公共权力机关且一般需要经过严格的法定程序，其本身就具有一定的权威性；四是具有一定的稳定性，制度本身不是临时的方法和规则，而是具有一定稳定性的原则与规范，因此它才有可能引导和规范网络舆情主体的行为，并使得其行为能够具有稳定的可预期性。

三、媒介引导方法

媒介引导方法是指利用新闻传播的规律、特点和方法来进行舆论引导。网络舆情是在网络空间舆论扩散过程中形成的，因此阻止非理性的信息扩散、正确引导网络舆论，媒介引导方法是非常重要的。具体而言，媒介引导方法主要有以下几种。

1）运用媒体发布信息

突发动物疫情发生后，由于事件本身具有一定的危害性，这些危害又事关社会成员的切身利益，他们往往希望能够在第一时间得知有关事件的信息，而通过我们对网民的调查可以发现，大多数网民证实信息真假、了解事件进展都是通过媒体尤其是主流媒体，因此真实的信息是阻止谣言传播的主要工具和手段。新闻传播上的首因效应提醒我们，要利用新闻媒体尤其是主流媒体及时发布信息，如发布疫情报告、解读国家和政府政策、解释政府举措等，人民网舆情数据中心提出来的突发事件回应的“黄金四小时”，也是强调舆论引导的及时性和重要性，告诫舆情引导主体要及时反馈信息，以掌握主动权。

2）组织集体新闻发布会

突发动物疫情发生后，政府危机管理部门可以通过组织新闻发布会、记者招待会、集体采访等活动，利用新闻媒体发布信息；同时,可以采取邀请媒体采访、邀请网站负责人参与重要活动了解政策决策与举措，与媒体沟通合作，畅通媒体采访的渠道等。这样可以充分发挥新闻媒体、网站及各类即时通信平台等的传播力和影响力，提高网络舆情引导的效率。

3）采用议程设置功能转移网民注意力

议程设置理论是指大众传播媒介利用新闻报道和信息冲击，通过其他具有影响力的正面新闻信息来吸引网民，这有助于冲淡突发动物疫情的信息所造成的负面影响。无论是禽流感案例还是埃博拉病毒传播案例，网民在新的新闻事件影响下，能比较快地去关注新事件，而淡化原有的关注事件。议程设置是一种影响社会的重要方式，它的主要观点源于政治学家，后来成为传播学领域的一个重要理论。

4）组织网络评论员等影响和净化网络环境

由以往的研究和网络舆情发展的实践来看，在跟帖、贴吧及论坛中通过增加正面引导的网络评论员设置，可以传递正面信息、反驳非理性观点，达到净化网络环境、引导舆论走向的目的。

5）充分发挥意见领袖的引导作用

可以采取“培养一批、影响一批、团结一批”的方法，一方面可以对意见领袖的观点进行影响，另一方面可以通过意见领袖向网民提供正向信息，把握好信息宣传的立场，充分借助他们的影响力进行舆情引导。同时，对于个别在动物疫情公共危机应急舆情引导过程中传递负向能量、不遵守法律规范制度、违法违规传播信息的意见领袖，要及时采取惩治措施。

总之，在新媒体时代，人人都是信息传播和舆情构成的主体，在众多的、混杂的舆情场域中收集信息无异于大海捞针，因此，掌握科学的方法是关键所在。

四、社会手段引导方法

突发动物疫情发生后，要利用各种社会手段、方式进行舆情引导。社会手段引导方法指的是利用社会教育、营造社会氛围、加强社会公德教育等社会性手段来促进舆情引导的方法。这种方法与其说是网络舆情引导，不如说是为网络舆情引导构建条件的举措方法。但是，由于这些方法对于网络舆情引导尤其是在日常网络管理中具有重要的作用，所以，它们也是进行网络舆情引导的重要工具。

1）开展网民的素质培训，培育理性的社会公众与网民

由前文有关网民的调查可知，理性的社会公众即使是获知突发动物疫情的信息，也不会盲目地对信息进行转发，更不会随意地在网络中发表不理性、不负责任的言论，甚至会主动地阻止非理性网络舆论的扩散和蔓延。因此，对网民进行科学教育、素质教育，加强公民对国家有关网络信息安全的法律法规培训，培养理性思维和理性分析习惯，可以有效地阻止舆论的扩散，从而达到舆情引导的目的。

2）加强动物防疫法律法规常识的培训，加大对动物疫病防治知识的宣传

社会公众如果熟悉动物防疫法律法规，那么他们更易理解危机管理部门在动物疫情发生后所采取的应急措施及其他必要措施，也就不会在网络空间里表达此类不解的观点或负面情绪，对净化网络空间有重要作用；同时，加强对动

物疫病防治知识的宣传和学习，这种方法可以减少谣言的传播，如危机管理部门在突发动物疫情发生后会加强对疫点、疫区及受威胁区域的划分与相关控制管理，这些知识如果公众知晓，他们就会理解甚至会配合行动。因此，社会手段引导就是要利用广播、电视、网络、移动设备等各种宣传方法对社会公众开展突发动物疫情应急知识和动物防疫知识的普及和教育，加强有关动物疫病知识、动物疫情的流行特点、危害等各类知识的持续培训，加强培训个人防护知识、治安与环境保护知识、工作协调及有关要求等进行培训，从而减少谣言产生和传播的机会。

3）加强社会文化、社会信任建设，营造和谐的社会环境

应当从加强社会建设着手，加强社会文化建设，营造和谐互信的社会环境。在突发动物公共危机发生后，全体公民能够有高度的责任感，能够在良好的社会环境下，密切配合处理好疫情，自觉抵制不良言论，自觉维护清朗的网络空间。

五、网络技术引导方法

本书所说的网络技术引导方法指的是运用网络技术对网络舆论进行干预，从而达到引导的目的。这种网络技术引导的方法不是对网络内容进行的干预，而是针对网络技术或硬件采取的措施。具体来说，主要的方法有以下几种。

1）身份过滤与审查

通过网络技术对网民的身份进行登记、审查和过滤，如很多论坛需要实名制登录，这样就可以阻止一部分不理性的网民发表不负责任的言论，同时可以利用网络技术对敏感网站、网页和敏感词汇进行筛选过滤，阻止对这些网站、网页的浏览，阻止一些敏感词汇在网站上的出现。

2）清理与删除

网络管理者利用网络技术对网络 IP 地址进行跟踪、筛选，网络管理员或者贴吧吧主通过监测等手段，如果发现有不利于舆情引导的信息，可以及时对敏感词语进行过滤和限制，同时要及时对负面信息进行清理，对负面的帖子予以删除。可以采用一些人工信息管理的方法让一些不理性言论在网站论坛中自然沉底，稀释意见，这样可以让普通的网民看不到或较少看到这些帖子或信息，从而较少被转载的可能性，也可以对一些正面的信息以技术的方式进行推荐、置顶等，引导网民关注正能量信息，减少他们被非理性或负面信息分散注意力。

3）封堵和断网

对于一些非法煽动、教唆和挑衅的网站和网页，不仅要追究它们的责任，而且要及时进行封堵，这样可以减少网民被恶意网站影响的机会。在特定的情形下，还可以在突发事件中采取断网、断电等方式，切断信息传播渠道，限制一些敏感的信息在网络中扩散的。

当然，这些网络技术引导方法，在运用的过程中要非常谨慎，以免引起网民的反感，从而引发更大的舆情事件。同时，运用这些技术方法时应符合法律法规的规定，引导网络舆论理性健康的发展。

第二节　突发动物疫情网络舆情引导阶段划分

一、突发动物疫情公共危机的发展阶段

根据前文的分析可知，突发动物疫情网络舆情的形成、高涨和消解是一个随着时间而不断变化的过程，这个过程是受到源生突发动物疫情公共事件的触发和推动、受到网络媒体及传统媒体的影响、受到网民参与等因素的推动且遵循时间序列发展、具有特定生命周期的状态与过程。对这个过程中关键节点的捕捉不仅是划分网络舆论扩散阶段的重要分界，而且是网络舆情引导主体划分舆情引导阶段的重要依据，可以依据这些阶段的划分来决定采取何种引导策略、构建有效引导机制。

突发动物疫情公共危机的演化是与源生事件（即动物疫情）发展及影响、危机信息传播、网民关注和政府管制的演变在同一个时间跨域内的互动共变状态函数，即 S 受 4 条 S_i 曲线影响（突发动物疫情危机演化的四个影响因素，$i=1,2,3,4$）（图 6-1），其中 S_1 是源生动物疫情事件曲线（由事件损害及利益相关者构成）；S_2 是危机信息传播曲线，危机信息传播是可以用媒体介入时间、媒体介入数、新闻报道数等来表示的状态函数。$Info=F_I(T,N,F)=\alpha T+\beta N+\delta F$（其中 T 为事件发生后媒体介入的时间，N 为媒体参与数量，F 为报道数）；S_3 是政府管制曲线（由政府介入的度和量构成），S_4 是网民关注曲线，它也是一个关于时间的连续可微函数，即 $f=f(t)$，它与网民知情人数、行为强度等相关，如意见领袖数、论坛发帖数、博文数、转发数、在线阅读量等。由此，通过以时间为轴，可以构建动物疫情事件、危机信息传播、网民关注及政府管制构成的突发动物疫情公共危机演变发展的共变模型（李燕凌和车卉，2015）。

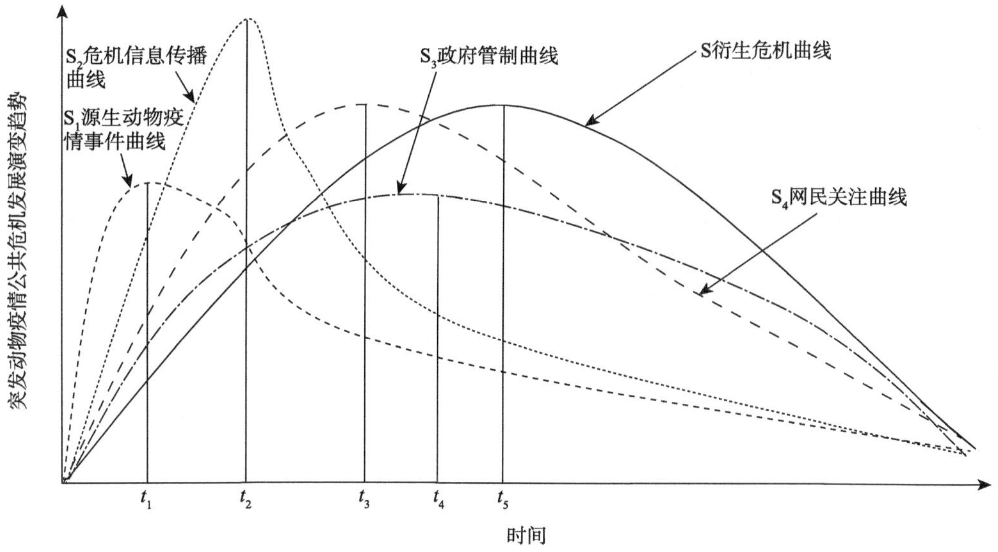

图 6-1 突发动物疫情公共危机发展演变示意图

通过对模型的分析可知，突发动物疫情公共危机的发展演变过程中出现了五个时间节点（图 6-1），分别为 t_1、t_2、t_3、t_4、t_5，其中 t_1 为源生突发动物疫情的损害峰点，t_2 为媒体报道的峰点，t_3 为网络中网民参与关注的峰点，t_5 为政府参与管制的峰点。当动物疫情损害峰点、媒体报道峰点、网络中网民参与关注峰点和政府参与管制峰点的任何一个开始出现或几个开始出现时，公共危机则开始发展和演化，并逐步被推动，直至这些波峰都开始走向平缓，危机才逐步得以缓解。从动物疫情公共危机的演化发展过程，我们可以将突发动物疫情公共危机从突发事件出现到危机发展过程中以上任意一个波峰开始为止，作为危机的产生阶段，将从最先开始的曲线波峰到最后一个波峰出现定为公共危机的发展阶段，从最后一个波峰出现到所有曲线都趋于平缓的过程定义为危机的消解阶段。

在现代信息社会，突发动物疫情公共危机的发展过程与网络舆情的发展过程是息息相关的，对于公共危机发展过程的把握有助于了解网络舆情的起因、发展过程及变异的动因等，从而有效地采取舆情引导措施。可以这样认为，突发动物疫情发生后，网络舆论开始出现，而当公共危机进入发展阶段之后，有关的网络舆情也相应在网络上萌动并开始扩散。而当突发动物疫情公共危机进入发展阶段后，也是网络舆情进入爆发的阶段，只有当网络舆情等都趋于消弭后，突发动物疫情公共危机才能消解。

二、突发动物疫情公共危机网络舆情引导的阶段划分

根据前文有关突发动物疫情公共危机发展阶段及有关网络舆情演化过程和机理的分析，图 6-2 呈现了突发动物疫情网络舆情的发展模型。结合公共危机发展的阶段，网络舆情的发展也呈现出形成、爆发和消弭三个阶段。这三个阶段的划分是依据相关突发动物疫情网络舆论扩散的指数（得分）随着时间推移变化而形成的。本书认为，突发动物疫情网络舆论扩散的指数一般由网络舆论的扩散媒体数（MQ）、扩散报道数（NQ）、跨场域扩散数（SF）、网民关注度（CR，含点击量、发帖量等）等多个方面来计量其扩散程度，并采用层次分析法对这些指标构建两两比较判断矩阵 $B=\left(b_{ij}\right)_{n*n}$（其中，$b_{ij}$ 表示指标 i 与指标 j 比较的两两相对重要程度），得到各个指标的相对权重。通过对指标进行无量纲的标准化处理后，构建突发动物疫情网络舆论扩散指数（NODI）。

$$\mathrm{NODI}=W_{\mathrm{MQ}}S_{\mathrm{MQ}}+W_{\mathrm{NQ}}S_{\mathrm{NQ}}+W_{\mathrm{SF}}S_{\mathrm{SF}}+W_{\mathrm{CR}}S_{\mathrm{CR}} \tag{6-1}$$

其中，W 表示各个指标的权重，S 表示标准化后的指标得分。通过对突发动物疫情网络舆论扩散指数的测算，再利用时间状态函数构建突发动物疫情网络舆论扩散的模型，从而为构建突发动物疫情网络舆情引导机制奠定坚实的基础。

根据突发动物疫情网络舆论扩散指数及时间变量，图 6-2 构建了突发动物疫情网络舆情引导的模型。其中，OP 表示突发动物疫情网络舆论扩散指数，OT 表示时间轴线。突发动物疫情网络舆论扩散曲线走向会随着不同的引导策略及效果而发生变化（即三条波伏线，称之为“三波伏”），曲线与三条临界线（即预警临界线 W、扩散临界下限 L、扩散临界下限 U）相交后，得到有五个关键的“点”（即预警点 M_S、爆发点 A_S、峰值点 D_S、回落点 B_S 和消弭点 N_S），这五个关键时点将突发动物疫情网络舆论扩散的过程划分为三个阶段，即形成阶段（OA）、发展阶段（AB）和消弭阶段（BC），同时是引导突发动物疫情网络舆论的关键时点（李燕凌和车卉，2015）。

由图 6-2 可知，只要能够基本判断出网络舆情的扩散特征和发展阶段，就可以针对不同的阶段采取不同的引导措施和策略，突发动物疫情发生之前的早期，采取常规引导策略的同时进行不间断的监测，当发现有不理性的舆论出现或舆论扩散指数达到一定分值的时候，采取预控策略，持续进行监测并采取预警措施；当网络舆情继续扩散并超过预警点爆发时，应立刻采取应急引导策略；当网络舆论扩散速度放缓，网民关注开始回落时，仍然需要一段时间的预控引导，以防止舆情再度走高，直至舆情消弭并持续一段时间后，可恢复采取常规引导策略。

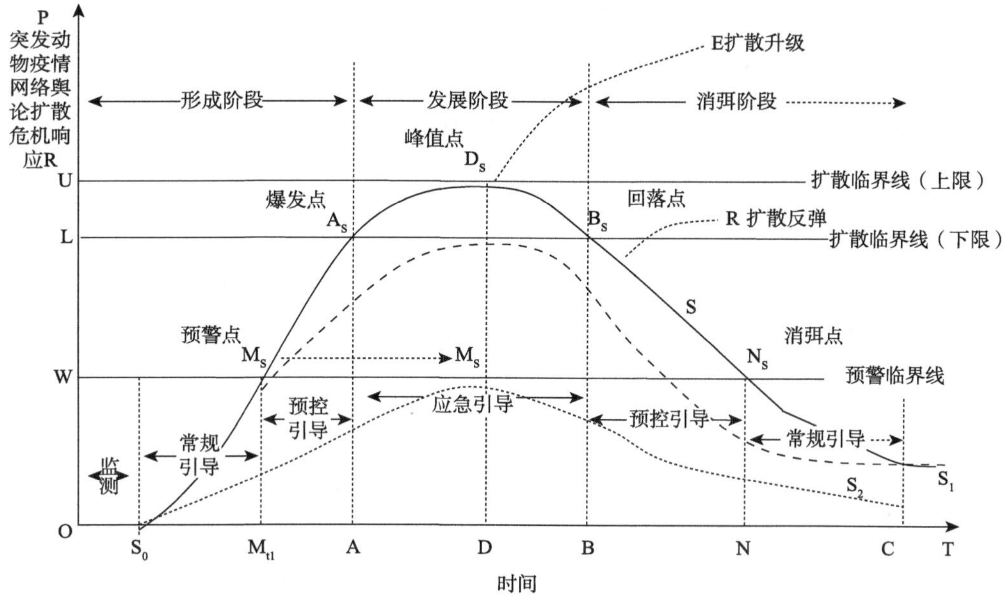

图 6-2　突发动物疫情网络舆情发展与引导阶段示意图

三、案例应用分析

突发动物疫情公共危机网络舆情发展阶段的划分是我们进行舆情引导策略选择的前提基础，而找到这些划分不同阶段关键节点是非常重要的。如何找到突发动物疫情网络舆论扩散指数的关键点，我们运用以往出现的禽流感案例进行具体案例应用分析。

（一）指标权重的确定

为了确定扩散媒体数、扩散报道数、跨场域扩散数和网民关注度（含点击量、发帖量等）等四个指标的相对权重，本书采用了层次分析法。层次分析法是一种定量与定性分析相结合、适用于系统多目标决策的统计方法，通过这个方法，可以将那些比较复杂的问题用有次序的层次结构呈现出来，并且可以通过人们对于各类不同因素重要性的主观判断从而实现对决策方案的优先顺序排行。

本书为确定指标的权重系数，采访了 8 个媒体及专家学者，他们对四个指标之间进行了两两比较打分，打分的标度是 1～9，其中，1 表示同等重要，2～9 依次表示为稍微、明显、强烈和极端重要等，打分完成后，利用 yaahp 软件对打分进行了权重计算。计算结果显示，本书决策目标的一致性比例为 0.0608，具有有效性。四个指标的权重见表 6-1。

表 6-1 网络舆论扩散指标权重矩阵表

	扩散媒体数	扩散报道数	跨场域扩散数	网民关注度（含点击量、发帖量等）	权重
扩散媒体数	1	2	3	1/3	0.2410
扩散报道数	1/2	1	1/2	1/4	0.1024
跨场域扩散数	1/3	2	1	1/4	0.1363
网民关注度（含点击量、发帖量等）	3	4	4	1	0.5203

由表 6-1 可知，在网络舆情扩散过程中，网民关注度的权重最高，达到了 0.5203，其次是扩散媒体数的权重为 0.2410，也就是说涉及的媒体数越多，网络舆论扩散的速度越快，再次是扩散报道数的权重为 0.1024，跨场域扩散数的权重为 0.1363，这些权重的判断不仅为我们计算和判定网络舆情扩散程度提供了依据，也为舆情引导主体进行舆情监测和预警提供重要的参考。

（二）数据测量

扩散媒体数、扩散报道数、跨场域扩散数和网民关注度（含点击量、发帖量等）等四个指标的测量，是进行网络舆情扩散程度计算和判定的基础。以 2013～2014 年发生禽流感事件为例，从数据可得性方面考虑，主要利用各类网络数据指数进行分析，如百度指数、新浪微博指数等。这些指数是基于海量的搜索和网民网页浏览行为形成的动态关键词指数变化，故网络舆情引导主体通过指数可以了解一定时间内的热度趋势，也可以快速地了解社会问题、热点事件和网民关心的主要焦点问题，这在判断网络舆情发展趋势、舆情监测方面发挥着重要的作用。具体而言，在有关网民关注度指标的测量上，采用的是百度网民搜索指数，因为百度网民搜索指数可以计算出一定时间段内网民的关注热点和焦点问题，网民通过搜索该类热点词可以体现网民对热点问题的关注；在扩散媒体数的指标测量上，本书采用百度媒体指数，百度媒体指数可以提供一定时间段内媒体报道新闻数量的平均值及头条新闻数，其可以反映出网络媒体的热度；扩散报道数的指标测量，主要通过对研究时段内报道的媒体数量加总，这个指标我们通过百度新闻标题检索，通过关键词“禽流感”和“H7N9”来进行时间序列排序，然后按时间序列来统计媒体数；跨场域扩散数主要通过新浪微博指数来分析，通过对微博的展开分析可以得到该微博被关注、转发、评论的数量。当然，根据前文的分析及移动网络的发展，目前有很大一部分网民通过微信等移动端来上网和关注信息，但是限于数据的局限性，加之微信指数上线的时间较晚，只支持 2017 年 3 月以后的数据，因此在有关禽流感的案例分析中，微信指数没有被采用。

通过网络数据整理发现，2013 年禽流感于 4 月 1 日在凤凰网被报道后，引发国内媒体的竞先报道，短短一天之内增加了数千条新闻，在 4 月 3 日上涨至上万条，4 月 8 日达到最高峰 28 000 多条新闻先后出现，在 4 月 13 日出现短暂下降后，接下来两天又再攀高峰，随后逐渐下降。图 6-3 反映了网络媒体数的发展趋势。

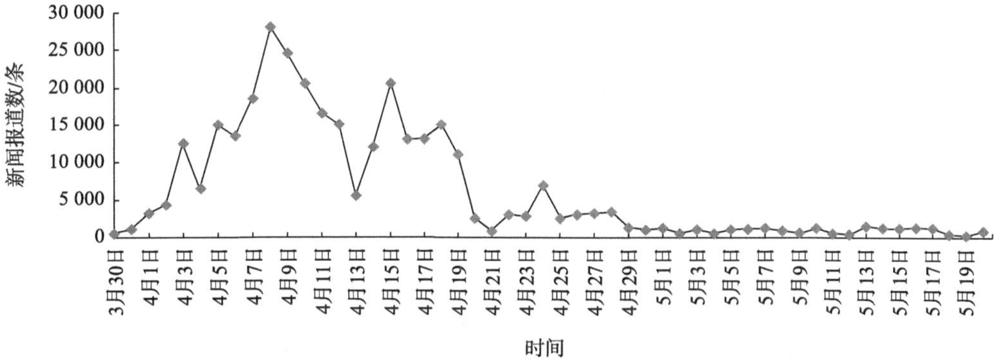

图 6-3　网络媒体数（扩散媒体数）发展趋势图

根据对网民关注度的测量，图 6-4 反映了百度搜索指数即网民随着时间的推进对禽流感事件关注度的变化。网民对于禽流感事件的关注可以说是陡增的，4 月 1 日凤凰网报道后，当天网民关注的新闻数增加了 6 万多条，随后以较快的增速，在 4 月 5 日至 6 日达到了第一个高峰，可见网民对于禽流感的高度关注，随后稍有下降，网民关注度的波峰与扩散报道数及扩散媒体数等发展趋势基本一致，波峰也出现在相同时段，但是与新闻报道不一样的是（第二次报道高峰并不像第一次一样媒体蜂拥而上），网民的关注度下降速度并不同步到 4 月 18 日这一点达到了最高峰，此后慢慢下降。这种变化趋势反映出，尽管网民关注度与扩散媒体数、扩散报道数等之间有一定的相关性，但是并不意味着新闻媒体不关注了，网民关注度就会马上下降，也并不意味着封堵了媒体口径，减少或不出现相关信息，网民就一定会同时取消关注，因此网络舆情的引导不仅要在过程中对媒体进行引导，还需要关注网民本身，从而实现对网民的教育和引导。

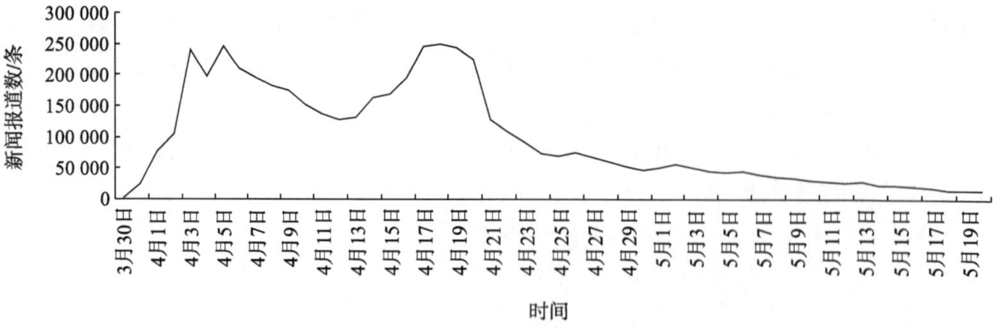

图 6-4 网民关注度（搜索指数）发展趋势图

（三）网络舆情发展的阶段划分

为便于观察和划分网络舆情发展的阶段，以及分析扩散报道数、扩散媒体数、跨场域媒体指数及网民关注度（含点击量、发帖量等）之间是如何随着时间的变化而相互影响和作用的，我们将这四个相关的网络舆情扩散指标放到一个时间坐标内。具体做法是，首先通过对每一组数据进行无量纲标准化处理，得到各自的标准化数据序列，然后每组数据再乘以各自的权重，得到一组新的数据序列。再利用画图软件，得出这四个被处理过的指标随着时间不断变化而相互影响与消长的网络舆论扩散图（图 6-5）。

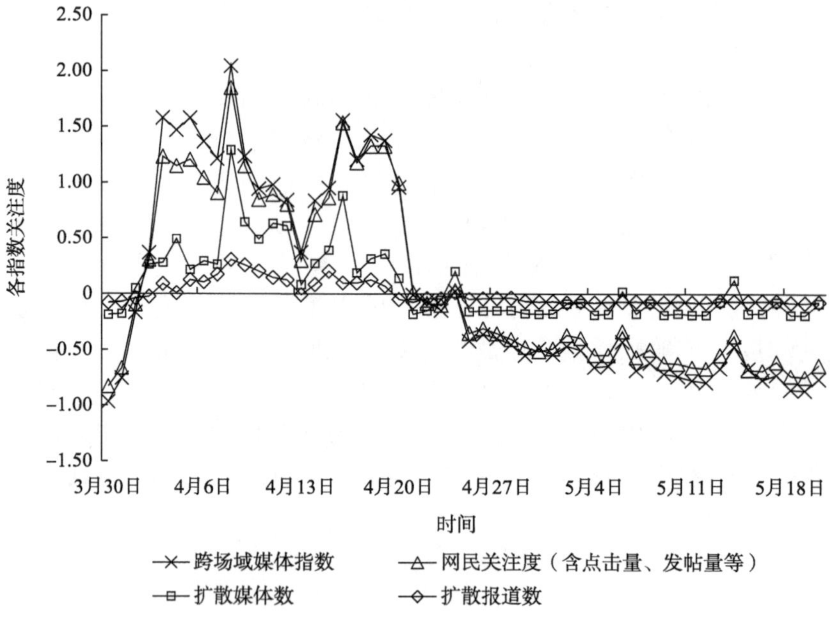

图 6-5 禽流感事件网络舆论扩散图

由图 6-5 可知，媒体报道禽流感事件后，在短期内迅速吸引网民和跨场域媒体关注，迎来第一波网络舆情高峰；随后在网民高关注度的拉升下，扩散媒体数和扩散报道数也迅速增加，迎来媒体第二波舆情高峰，在媒体的持续关注下，有新的信息刺激网民关注度又迎来第三波高峰，随后逐渐消弭。

那么，综合了扩散报道数、扩散媒体数、网民关注度（含点击量、发帖量等）及跨场域媒体指数等几个指标而形成的扩散指数随着时间不断变化的趋势图（图 6-6）。由图 6-6 可知，当标准化扩散指数在−1.00～−0.50 时，舆情比较平缓；当扩散指数在−0.50～0.50 时，舆情走势较快（或下降较快）；扩散指数在 0.50 以上时，网络舆情处于一个高峰阶段。根据这几个阶段，网络舆情的发展可以划分出阶段，而且可以根据这几个阶段来判断网络舆情引导的策略，分别为 OM 为常规引导，MA、BN 为预控引导，AD、DB 为应急引导阶段。

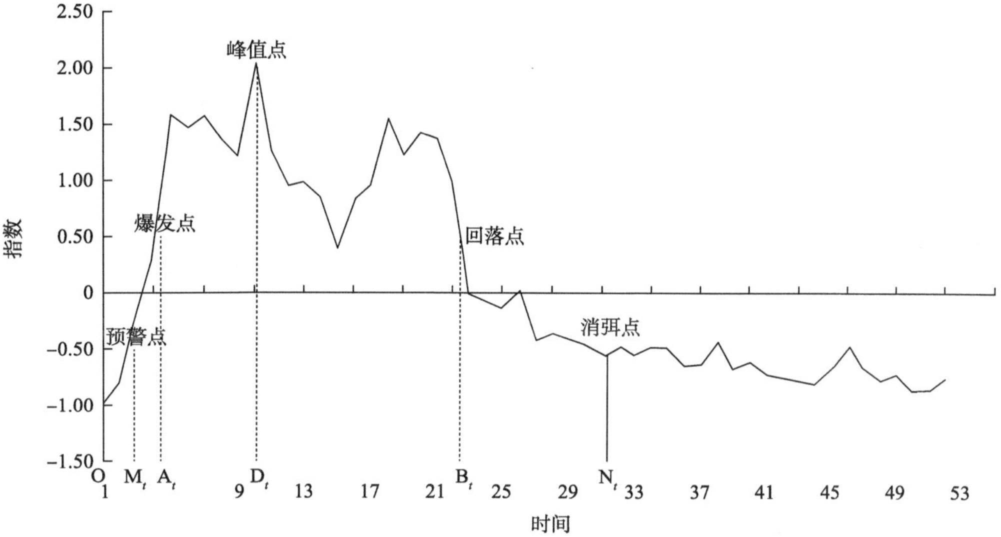

图 6-6　禽流感公共危机网络舆情扩散指数走势图

通过实证案例的应用分析，我们至少可以得出以下几个有关网络舆情发展演变的结论。

（1）网络舆情的发展是在源生动物疫情危机事件、媒体报道、网民推动等综合因素作用下的结果，是一个随着时间不断发展变化的过程，因此对于网络舆情的引导不仅要全方位关注突发动物疫情危机事件、媒体和网民，同时要全过程进行网络舆情的监测和引导。

（2）在突发动物疫情发生后，媒体新闻信息传播与网民关注等几个因素之间是一个相互影响和作用的过程，一般会经历媒体报道—网民关注—更多媒体跟进—

事件解决、网民关注度下降—媒体报道减少等路径，通过对路径的分析，我们可以看到不仅不同的网络舆情指标有可能带来舆情高峰，而且这些高峰之间有一定的次序排列规律，这为我们在不同的阶段采用差异性的网络舆情引导方法和策略提供理论基础。

（3）网络舆情扩散不仅是一个随着时间变化的动态过程，而且这个过程呈现出明显的阶段性特征。不同阶段的特征及对社会和突发动物疫情事件的处理影响是不一样的，在不同阶段引导的侧重点也要有所区别，需要采取不同的网络舆情引导策略。

第三节　突发动物疫情公共危机网络舆情引导策略

正如前文所述，突发动物疫情网络舆情引导机制是突发动物疫情演变、网络舆情引导主体、网络舆情引导方法及网络舆情引导策略的组合，综合以上章节对于突发动物疫情公共危机网络舆情的演变规律、网民上网民习惯及心理分析、网络舆情引导方法、网络舆情引导主体的优劣势分析等，突发动物疫情网络舆情引导策略是综合考虑网络舆情发展的不同阶段，在网络舆情引导过程中对网络舆情引导主体和引导方法的不同组合。针对网络舆情发展演变的萌动、爆发与变异、消弭等阶段，结合图 6-2 的分析，可以将网络舆情的引导分为常规引导策略、预控引导策略、应急引导策略三类。如图 6-7 所示。

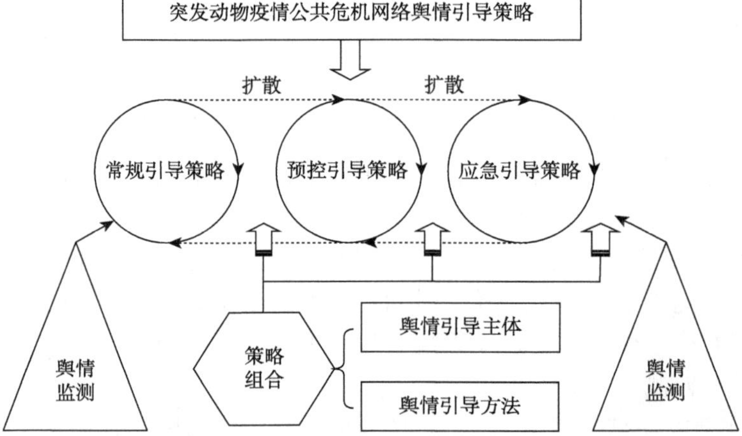

图 6-7　突发动物疫情公共危机网络舆情引导策略图示

一、常规引导策略

根据前文的分析，本书所指的常规（日常）引导策略是指在突发动物疫情发生之前或发生的最初期尚未引起媒体和网民较多关注的阶段。之所以称之为常规引导，主要是从三个方面来定义的：一是对于突发动物疫情来说，尚未构成公共危机，因此可以采用日常或按常规要求来进行事件处理；二是从网络舆情引导主体来看，这些主体的主要职能是进行舆情监测和引导，也就是舆情引导一般是这些组织和个人的职责；三是从网络舆情引导的方法来看，主要是较为温和、长效的引导方法和手段。综合前文对各类网络舆情引导主体及网络舆情引导方法手段的分析，可以得出常规引导策略的主体和方法的组合策略。

具体而言，常规引导组合策略中，网信部门主要通过健全日常管理制度、监测网络舆情发展，以及要求相关单位（如网络提供商、网络运营商、网络平台提供单位）规范日常管理；宣传部门要做好规范日常管理、加强培训、规范行业自律等工作；公安部门联合媒体教育公众辨别网络谣言、监测网络舆情、打击违法行为等；动物疫情防控部门加强动物疫病知识培训和国家防控政策和制度的宣传，有计划地组织疫病防控演习，提高网民应对动物疫病的理性知识，从而能够从容应对和配合疫病防控与网络舆情引导（图 6-8）。

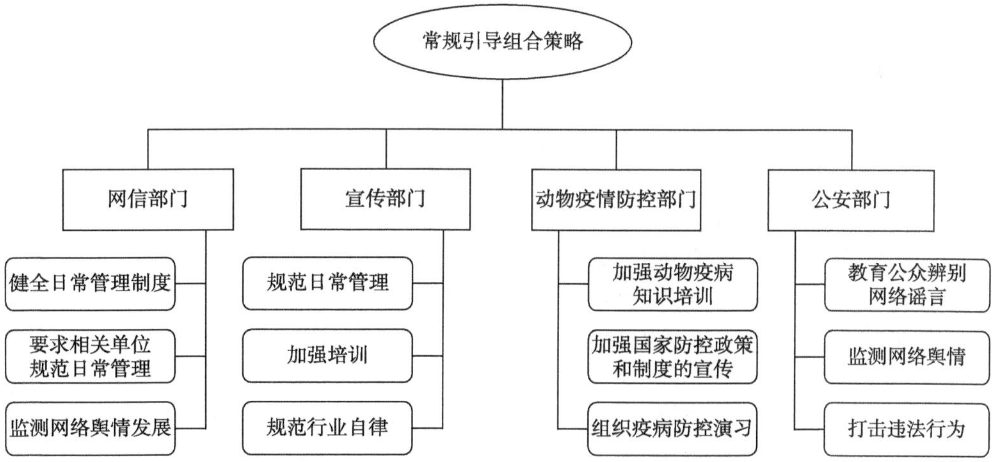

图 6-8　突发动物疫情公共危机网络舆情引导常规引导策略图示

二、预控引导策略

预控引导策略在时间段上指的是突发动物疫情发生后，已经引起了部分媒体和网民的关注，而且通过舆情监测和信息的分析，认为很有可能产生网络舆情爆发或再次爆发的阶段。这个阶段的特征主要有以下几个方面。一是持续时间的不确定。网络主管部门和学者提出的“黄金二十四小时”和“黄金四小时”主要针对的是这个阶段，当然，在有些突发动物疫情事件中，留给网络舆情引导部门的决策时间可能会更短，尤其是在移动网络和移动即时通信软件出现之后，通过微博、微信、移动QQ等载体的交互传播，有一些突发事件甚至能够在短短几分钟之内就迅速引爆网络。二是预控引导阶段一个关键的工作是对网络信息的收集及分析，因为预控阶段是网络舆情由萌动走向爆发的中间阶段，舆情是否会爆发、预控是否最终会走向应急，都依赖于网络舆情信息的收集是否到位。三是预控阶段要准备组织和调度各种应急引导策略所需的人力、财力、物力、制度等，要随时为组织应急引导策略做好谋划和组织准备，因此这个阶段不仅要利用各种常规网络舆情引导方法和手段，同时需要做好各种应急引导的准备工作，且要主动引导，尽力阻止舆情爆发。

具体而言，在预控阶段，当突发动物疫情发生后，网络舆情引导主体应当采取的各种组合策略是：在各种常规舆情引导措施继续实施的基础上，危机管理部门连同动物疫情防控部门利用事件处置引导法，对事件进行快速处置，包括按照要求及时有效采取措施检验、清查、隔离、消毒、扑杀等各种措施，将疫情损失控制在最小的范围之内，利用社会手段引导舆情，组织人员对民众进行疫情防控知识的教育，争取民众的理解和配合；利用媒体引导及时公布疫情信息，利用政府门户网站、政务微博发布权威信息，主动设置议程，挤压谣言传播空间，必要的时候可组织新闻媒体记者见面会、新闻发布会等，沟通好媒体关系，同时留意网络舆情发展；网信部门、媒体管理部门等应联合起来全方位收集舆情信息，并准确做出分析。具体来说，信息收集需要达到的标准是“全、深、选”，其中“全”指的是要收集全方位的信息，也就是说网络舆情引导部门应当在事件发生后，及时全面地收集包括突发动物疫病事件的产生、发展和影响的各类信息；“深”就是需要针对收集的信息进行进一步挖掘和纵深的分析，研究各种类型信息的特征，分析各类信息背后所隐藏的网民的行为逻辑及反应规律，而不能仅停留在信息的表面上，更不能让舆情引导部门迷失在各类信息的海洋里；“选”就是要进行筛选，也就是通过全方位收集信息及对各种信息进行了进一步分析和挖掘之后，需要对这些信息做进一步的真伪筛选、重点与非重点判断、关键点与非关键点的判断等，对那些主要的、关键的和已经确认为真实的信息进行重点掌握。同时，要加强信息的分析工作。收集信息及对信息进行整理的目的不在于只是掌握信息的状态，更重要的是对各种信息进行分析，从而研判信息的发展趋势，有针对性地对舆情进行预警和引导。那么，如何做好信息分析工作呢？本书认为，一是要注重加强各种信息和危机管理部门上下之间、各部门之间的信息共享和信息交流，实现信息的互通互联互利；二是要注重分析以往的各种信息数据，重视总结历史经验，对数据采取科学的分析方法，掌握不同类型的突发动物疫情事件网络舆情发展的一般性规律；三是可以采取一些科学先进的网络舆情分析方法，尤其是一些网络舆情发展预警分析方法，如多层次模糊综合评价法、贝叶斯仿真模拟方法等，这样才能让网络信息的分析工作既科学又有效率。媒体引导主体应当加强内部管理，时刻坚守新闻报道底线，利用新闻传播规律和新闻制度采编与刊发新闻，并积极配合相关部门化解危机，而不是以讹传讹。动员一批意见领袖，引导网民理性思考和理性行为，必要的时候也可以动员一批网民，发布一些有利于舆情导向的正面信息；利用网络技术将一些理性思考的网络言论置顶浏览，积极引导网民，同时，公安部门需要对在突发动物疫情防控过程中涉事违法主体的不法行为采取严惩态度，并及时将处罚措施有效落地（图 6-9）。

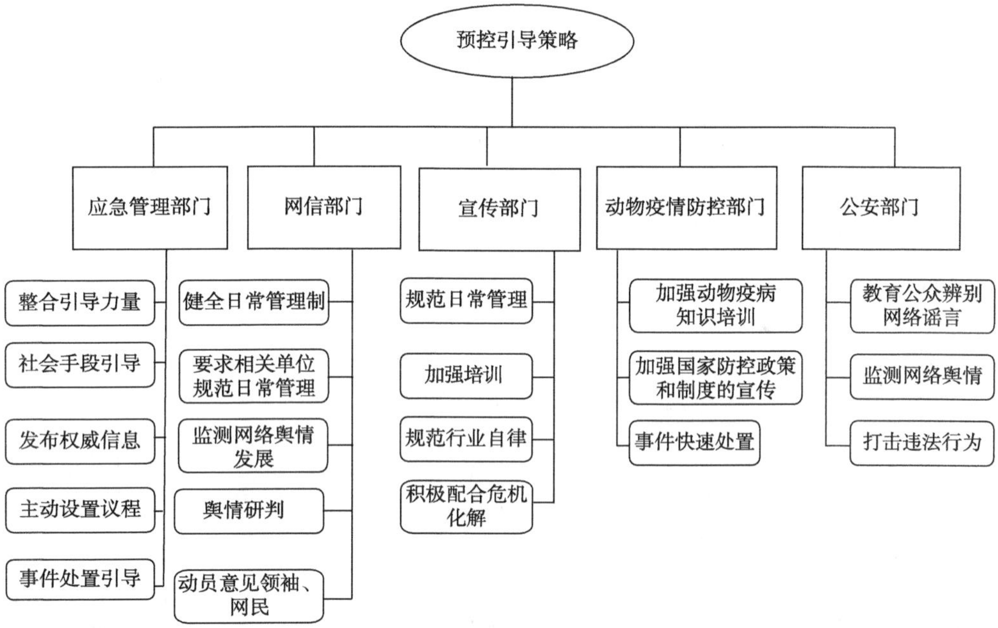

图 6-9　突发动物疫情公共危机网络舆情引导预控引导策略图示

三、应急引导策略

应急引导策略主要指的是突发动物疫情公共危机网络舆情爆发或再次引爆的时间段内，网络舆情引导主体需要在这个阶段内所采用的舆情引导方法的组合战略（图 6-10）。这个阶段的主要特征有：一是网络舆论全面扩散，网络媒体数、媒体报道新闻数、各类网络平台的评论和网民关注参与等全面高涨，网络热度大增，网络舆情引导的难度递增；二是各类网络舆情引导主体需要全面介入，不仅要求在各自的职责范围内各司其职，而且需要合作配合进行舆情引导；三是各类方法在必要的时候可同时采用。

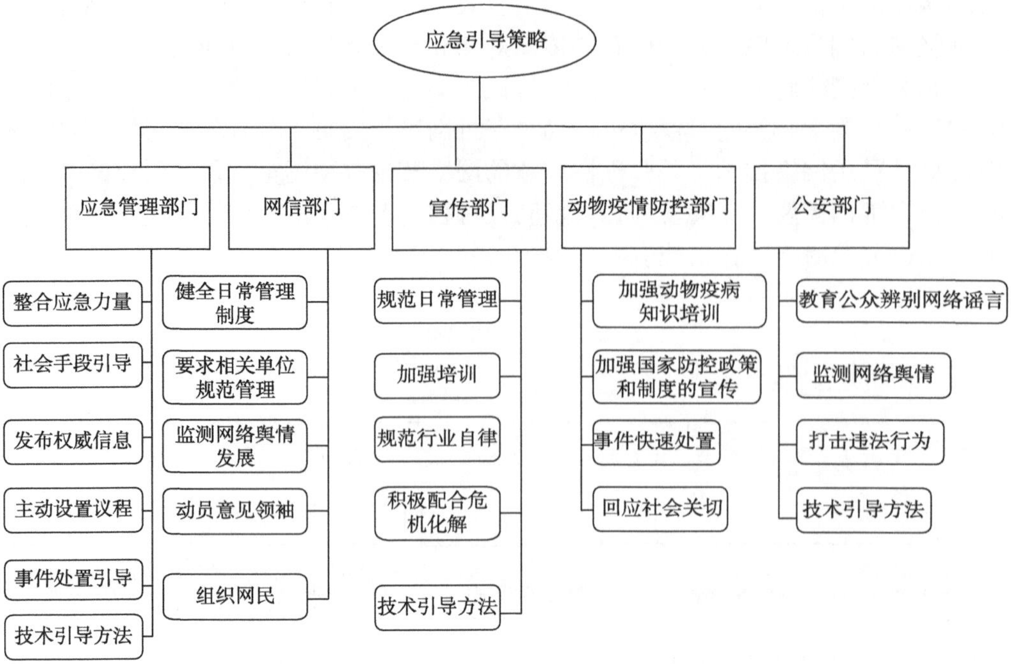

图 6-10　突发动物疫情公共危机网络舆情引导应急引导策略图示

应急引导策略的实施是在常规引导策略不够用的情况下，在预控引导策略的基础上，可组合利用各种舆情引导方法手段，具体而言应该做到：成立以政府危机管理部门为核心，动物疫情防控部门、网信部门、宣传部门、公安部门、媒体等各主体协同合作的网络舆情引导组织结构，各部门各司其职，协同配合。应急管理部门与动物疫情防控部门继续联合对突发动物疫情事件进行处置，利用事件引导法尽最大可能降低事件产生的损失，以减少利益相关者的阻碍，同时消解突发动物疫情事件对社会造成的影响，回应社会关切，争取更多网民的支持和理解，对在危机处置过程中违法违规的个人和组织进行惩治，应急管理部门连同网信部门对网络舆情进行监测，尽量做到全方位无死角收集网络信息并进行分析，采取各种媒介引导方法引导舆论。组织网络媒介包括各网络媒体、网络运营商、内容提供方、网络平台等各负责人会议，强调网络信息传播纪律，加强网络信息传播的管理，对在舆情引导过程中的违法现象及时进行查处，对违法的个人和组织进行惩治，对违法信息传播纪律、扩大危机影响的媒体和平台采取批评教育、整改整顿甚至关停关闭等，加强对网络意见领袖的信息监测，并组织和利用好一些意见领袖发布正面信息；组织网民在各论坛、跟帖等网络空间中监测舆情走向，发表有利于危机解决和舆论引导的言论，引导普通网民；应急管理部门协同宣传部门及媒体组织，梳理媒体信息传播规律，组织新闻媒体从业人员会议，强调新闻传播纪律，利用媒体引导方法进行舆情引导，主动利用媒介引导方法，及时发布权威信息，防止因权威声音不及时出现小道消息满天飞的状况，同时要注意防止过犹不及，不仅不要因为害怕真实新闻爆出而封堵截断新闻传播，也不要因为追求时效而不假思索地全盘托出，而是应在理性判断的基础上，把握好分寸和时机，什么问题在什么样的媒体上报道，什么样的问题通过什么方式报道，什么样的信息在什么时候通过什么方式传递，制订好舆情引导的计划，掌握好快慢强弱的节奏，正面报道强化，但是要打破调子高、说话硬和表达花哨的通病，要控制负面报道，营造向上、凝心聚力的社会氛围；协同网络运行、技术提供和内容提供组织，采取合适的技术引导方法进行舆情引导，必要的时候协同网络技术提供商，对违法违规的网站进行关停，在紧急情况下甚至可以采取断网断电等措施，以达到临时性消除舆情无序扩散的目的。

第七章　突发动物疫情公共危机网络舆情引导的保障机制

本章主要构建突发动物疫情公共危机网络舆情引导的条件保障机制，具体包括制度规范、组织机构、人员保障、物资技术等。

第一节　制度规范保障

一、法律制度

当今网络发展态势迅猛，网络舆情力量强大，为了规范网络运行、创造良好的网络环境，需做好网络舆情引导工作，尤其是在突发动物疫情公共危机发生后，源生事件危机叠加网络舆情扩散危机的双重压力下，完善相关的网络管理制度是必要途径。伴随着互联网的高速发展，随之而来也会有一些违法违规的现象发生，如网络作品和信息传播造成的对个人隐私权及知识产权的侵犯、各类型网络诈骗的出现、各种垃圾邮件种类繁多等，这些现象在近年来时有出现。英国、加拿大、韩国、美国等 20 多个国家为联手打击网络违法犯罪行为共同成立了“互联网举报热线联合会”，并取得了显著的成效。2013 年 11 月，习近平同志在《关于〈中共中央关于全面深化改革若干重大问题的决定〉的说明》中强调：“如何加强网络法制建设和舆论引导，确保网络信息传播秩序和国家安全、社会稳定，已经成为摆在我们面前的现实突出问题。”

（一）网络立法的发展历史

中华人民共和国成立以来，中国政府的网络治理方式随着政府职能的转变和政府机构的调整而发生了相应的变化，1997 年党中央、国务院提出“依法治国”，2013 年党的十八届三中全会审议通过的《中共中央关于全面深化改革若干重大问题的决定》明确指出要“创新社会治理体制”，作为分支的政府网络治理逐渐进入由传统治理方式向法治转变的关键时期。随着我国整体卫生医疗水平的提高，在社会转型时期，部分地方政府过于重视经济增长，加之对公共卫生领域的重视度不够，诱发了一系列公共卫生危机，特别是近年出现的突发动物疫情事件对我国经济与社会整体发展造成直接性或间接性损失，而且产生了威胁公众健康、恶化社会卫生等问题。综合文献整理及制度研究，大多将突发动物疫情政府网络治理制度发展历史划分为：政府放任型网络治理的法治启蒙期、政府规范型网络治理的法治制度设计期、政府发展型网络治理的法治实践关切期等三个主要阶段。

1. 政府放任型网络治理的法治启蒙期（1994 年至 1998 年）

虽然网络自由主义者约翰·派瑞·巴特尔在“虚拟空间独立宣言”中曾说，网络是创新、平等和公意的，不应该受到政府的管辖。但面对社会公共领域事件如果没有政府的网络治理，缺乏法律手段治理突发事件的意识，社会将混乱失序，难以管理。计算机技术和网络技术最早源于英美等国，网络迅速发展带来诸多网络问题，网络失序的危害日益引人深思，各国开始采取措施，并呼吁对突发卫生事件进行网络治理立法。在这种背景下，欧盟一些国家相继通过政策型文件、指令、规范性法令三种形式制定网络治理法律，形成了各具特色的网络治理立法模式，为世界各国所借鉴学习和使用，再加之 20 世纪七八十年代，西方国家公共行政改革运动促成了新公共管理范式。受西方法治思想的影响及发达国家网络治理立法的启蒙，使我国突发卫生事件政府网络治理开始萌芽，逐渐对运用政府网络治理融入法治形成基础认知。1994 年，中国正式接入国际互联网出口信道，1998 年的政府机构改革，我国新组建了信息产业部。当时互联网在我国的发展尚处于起步阶段，具有普及率极低、网站数量种类少、传播范围狭隘、通信渠道少等特征。绝大多数政府机关、企业、业务部门、传统媒体等都还未建立官方网站平台发布部门相关信息，有的也只是具备简单的页面及链接，尚未具备信息全面性、内容分类性、网民交互性等功能。20 世纪末期，一些论坛网络开始出现，且因为是发展初期，所以用户数量不多，只是一些小范围内的聚集和讨论。因此，相关的管理规定也很少，内容上也比较笼统模糊。与此同时，在这个阶段，国内的卫生医疗水平较差，人口流动率也较低，人们面对的大多是种类单一、范围狭窄的突发事件，如上海甲肝流行、山西朔州毒酒事件，这些突发卫生事件都在政府具体有力防治、停顿相关企业等措施中得到有效解决。因此，可以认为，当时大部分政府部门对网络治理还不够重视，甚至一些党政部门的工作人员基本没有接触过网络，仍然使用传统的上传下达的通信工具，如信件、电话、移动手机进行管理，所以更谈不上政府网络治理。而在此期间，我国关于互联网的立法主要侧重互联网系统和信息安全、宏观运行规范，最多涉及突发卫生事件网络治理管理平台搭建规制方面。例如，1994 年国务院颁布《中华人民共和国计算机信息系统安全保护条例》，1996 年公安部发布的《关于对与国际联网的计算机信息系统进行备案工作的通知》规定“凡是在中华人民共和国境内，通过物理通信信道直接或者间接与境外（含港、澳、台地区）计算机信息系统进行联网的计算机信息系统的使用单位和个人均应当登记备案”，1997 年国务院又修正发布了《中华人民共和国计算机信息网络国际联网管理暂行规定》，开始对国际互联网活动实施主管单位审批和实施经营许可证制度。

2. 政府规范型网络治理的法治制度设计期（1999 年至 2004 年）

20 世纪末期，互联网在中国迅猛发展，主干网实现互联互通，宽带渐渐普及，网民数量急剧增长，各种类型的网站、论坛和 QQ 群等成为网民聚集的重要平台。在这个时期，政府对于网络这一互动型参与工具愈发重视，国内越来越多的政府部门相继建立了自己的门户网站，例行信息公开，并且有些政府部门还定期在网站上发布各类信息、进行政策宣传，有些还设置了留言功能，以便于与民众的沟通；一些传统媒体也建立了自己的门户网站，在门户网站上发布和转载媒体信息。针对这种情况，以信息产业部为主的主管部门进行了一系列网络立法，来应对网络媒体产生后出现的一些新问题，从而为突发动物疫情网络治理提供了重要的依据。随着民主法制进程的推进，适用于现今突发事件的立法逐渐增多，旧的法规已经式微而被淘汰，适应新时代的突发卫生事件网络治理法制体系逐步建立。政府宣传部门、新闻主管部门等也开始成了与网络管理相关的对应机构，公安部门等则加强了对网吧、属地网站的管理，如“网络警察”（主要负责对突发卫生事件网络舆情进行监测，与门户网站、传统媒体建立沟通合作），2001 年还成立了中国互联网协会。2000 年，国务院先后公布《中华人民共和国电信条例》《互联网信息服务管理办法》，这些制度规范规定了对经营性互联网信息服务实行许可制度、对非经营性互联网信息服务实行备案制度。2000 年 10 月，信息产业部发布了《互联网电子公告服务管理规定》，在这个文件中除了规定对电子公告服务等互联网信息服务，还设立了互联网专项审批或者专项备案，同时提出超出审批备案的互联网项目类别或者另设栏目也可以提供服务。2003 年，文化部发布了《互联网文化管理暂行规定》等相关法律，这些法律制度对突发卫生事件网络舆情的引导和管理起到了重要的作用。2003 年，国务院颁发了《突发公共卫生事件应急条例》，并修改了《中华人民共和国传染病法》，这标志着我国进一步将突发卫生事件治理工作纳入法治化轨道。在突发卫生事件发生后尤其是 SARS 事件发生后，社会公众开始运用理性呼吁政府治理、网络法治的介入。

2004 年 11 月 8 日，中共中央办公厅、国务院办公厅联合下发了《关于进一步加强互联网管理工作的意见》，在意见书中明确确立了今后一段时期内互联网管理的基本框架。具体而言，从中央层面来看，它对各部委的职责进行了明确划分；就地方层面来看，由于属地化管理原则的确立，强调“谁主管谁负责，谁运营谁负责”，因此也明确了地方政府互联网相关管理职责。但是，从总体来看，尽管这一时期突发卫生事件时有出现，但是有关网络治理和应急网络管理还是比较少，主动介入网络舆情事件的政府部门不多。

3. 政府发展型网络治理的法治实践关切期（2005 年至今）

随着以互联网为代表的新媒体迅猛发展和普及，网络已经成为网民表达自身意见的重要渠道。随着科技和经济的飞速发展，因突发动物疫情引发的公共危机爆发频率越来越高，所造成的影响也越来越大，而网络空间中谣言时有产生，且网络传播速度迅速。在此期间，从中央到地方的各部门开始对网络治理更加重视，形成了齐抓共管的局面，表现在制度上是各部门联合出台了一系列新的网络治理的法律法规制度，如 2006 年 2 月 17 日十六部委联合下发了《互联网站管理协调工作方案》，这个工作方案对网络正规化管理具有重要的意义。

2005 年 9 月，国务院新闻办公室和信息产业部联合出台了《互联网新闻信息服务管理规定》，该规定对互联网信息服务单位的设立、信息服务范围、监督管理、法律责任和罚则等做出详细规定。2006 年 5 月，国务院公布了《信息网络传播权保护条例》。2008 年 5 月 1 日，《中华人民共和国政府信息公开条例》发布。2013 年 5 月以来，国家互联网信息办公室、公安部等多个部门联合，开始整治网络谣言的传播，并在同年 9 月出台了《最高人民法院、最高人民检察院关于办理利用信息网络实施诽谤等刑事案件适用法律若干问题的解释》，对网络谣言传播的性质、表现、认定和处罚措施等进行了详细规定。2013 年开始，国家互联网信息办公室、公安部等多部门联手整治网络空间，并出台相关司法解释，惩治了一些利用网络传播谣言、触犯法律高压线、妨碍政府进行网络治理的所谓“意见领袖”，我国政府对网络的重视和实践愈加明显。2014 年 2 月，由习近平同志担任组长的中央网络安全和信息化领导小组成立，其中一项重要任务就是要推动国家网络安全和信息化法治建设。2015 年两会前夕，人民网推出“热点调查”，截至 2015 年 2 月 27 日，有 300 多万人次参与，“社会治理”

调查显示，“公共卫生安全事件”是投票者最关心的热点问题，占比达 14.82%。由此可见，国家领导与社会民众的共同重视把突发事件网络治理进一步向前推进。2013—2014 年，国家除了进行了各种打击网络谣言的专项整理行动，有关部门还对网络上各种淫秽信息进行了大清理，包括对微信信息的专项治理行动等。2013 年 9 月 9 日，最高人民法院和最高人民检察院召开了新闻发布会，在会上发布了《关于办理利用信息网络实施诽谤等刑事案件适用法律若干问题的解释》。2013 年 9 月 29 日公布的《最高人民法院关于审理编造、故意传播虚假恐怖信息刑事案件适用法律若干问题的解释》，为维护公民的合法权益、打击违法犯罪行为提供了有力保障。可以说，突发事件的网络治理已经朝法治化的方向迈进。较多突发动物疫情公共危机的网络治理能做到有章可循，政府网络治理制度也逐渐随着突发卫生事件的发展而不断完善。

在网络立法方面，国外一些网络发展比较成熟的国家的做法是有借鉴意义的。例如，1996 年 9 月英国颁布了《3R 安全规则》，该规则主要是用于网络监管的行业性法规，“3R”的具体意义表示是：分级认定、举报告发和承担责任，它明确了网络监管过程中的规则和责任。1996 年 7 月，新加坡也制定了针对互联网络实行管制的分类许可证制度。1999 年 6 月，澳大利亚从地方政府开始推行对网络内容的监管，该国议会通过了《广播服务网络服务修正案》，针对互联网的内容提出了规范措施。不同的国家根据自身的网络环境和国情制定不同的法律制度，这些政策法规都有自身的局限性和优势，因此利用网络进行舆情引导的同时要吸取各国经验，不断地进行方法上的完善，最终形成一套较为成熟、可操作性强的应对模式。

近年来，在中央一系列政策制度和措施的支持与推动下，动物疫情的防治工作得到一定的强化，尤其是在动物疫病防治、动物疫情应急、网络舆情引导等制度化方面取得了一定的进展。例如，我国有关动物疫病防控的基本法律体系已经建立起来，2015 年修订了《中华人民共和国动物防疫法》，又相继制定了《兽药管理条例》和《重大动物疫情应急条例》，并且从上到下制定了一系列动物疫情的应急预案、动物疫病的防治规范及动物疫病的防治标准等。在权力配置上，我国也出台了相应的中央与地方责任分担的制度，且相关制度还在不断完善中。

这些相关制度在制定、执行和评估的过程中，都有效提高了网民对国家相关制度的认识，从而自觉规范自己的网络行为。例如，网民对国家突发动物疫情防治制度有了解，那么即使事件发生，网民也不会恐慌，能够比较理性地遵从和配合政府的防治，而且不会盲目相信网络中的一些非理性的传播信息，从而能够遵从制度的规范理性行为；如果他们能够了解突发动物疫情的应急管理相关制度，那么网民会更易理解政府的一些应急处置措施。

（二）法律制度保障的具体要求

从前文的分析可知，尽管我国较早就制定了部分有关网络信息安全的法律制度，如《中华人民共和国计算机信息系统安全保护条例》（1944 年 2 月 18 日）、《中华人民共和国计算机信息网络国际联网管理暂行规定（修正）》（1997 年 5 月 20 日）、《全国人民代表大会常务委员会关于维护互联网安全的决定》（2000 年 12 月 28 日）、《互联网信息服务管理规定》（2008 年 7 月 1 日）等，但是随着社会的不断发展，这些制度规范在很多条款和适用性上已经不能够实现监管要求，同时，由于属地管理及各省区市之间互联网发展水平的不均衡，一些地方政府也相继出台了一些有关互联网监管的制度规范，但是这些规范多为地方性规章制度，不仅强制性不一，而且有时候还会与地方性法规制度的要求存在一定的冲突。因此，有必要建立健全网络信息传播和安全监管的制度规范。

首先，应迎合新时期信息传播和安全监管的需要，从国家的层面出台并规范有关网络信息传播和安全监督的法律制度，提高网络信息安全传播和监管制度的立法层次。2017 年 6 月 1 日《中华人民共和国网络安全法》正式实施，2017 年 10 月 30 日国家互联网信息办公室公布了《互联网新闻信息服务新技术新应用安全评估管理规定》，为新技术新应用安全评估提供了制度依据，该制度规范要求根据新技术新应用的新闻舆论属性、社会动员能力及由此产生的信息内容安全风险确定评估等级，审查评价其信息安全管理制度和技术保障措施是否配套健全。其次，不仅要在制度上规范针对有关互联网接入服务单位、互联网上网服务经营单位、互联网信息服务单位的各类网络信息安全监管制度，还要健全针对互联网个人和单位的各类网络行为，对这些行为进行制度规范和网络安全进行监管。作为网络管理者，不能因为害怕谣言在网络上传播就不允许人们上网，也不能因为害怕损失网民的信息言论自由而束缚住对网络行为进行合理合规的监管。应从制度上规范媒体、单位组织和个人的信息传播行为，在明确发布不实信息、虚假新闻、制作传播小道消息等行为特征、表现及影响，并明晰其相应的责任，严格执行相应制度。最后，要从制度上明确那些网络信息传播的执行标准，明确网络安全监管制度的执行规范，要使得那些不明晰、不透明、执行标准不统一的制度规范，更明晰化和更具操作性，特别是在网络信息传播和信息安全监管过程中需要追责的各类制度，要进一步完善，这样在信息传播过程中如果出现违法违纪现象，才能够进行及时有效的处理。具体到动物疫情公共危机，一方面要根据世界贸易组织的相关规则和要求，另一方面要参照世界其他国家在有关动物疫病方面的各种法律和制度，以及一些习惯性的通行做法，建立健全我国有关动物疫情防治的法律法规体系。我国已出台了动物防疫法，要认真贯彻实施，在遵循该法基础上，各地应加快制定和完善实施动物防疫法的相关配套措施，尤其是有关动物疫情疫病区的管理、动物疫病活禽在疫病发生后如果需要跨区域进行调运或者在流通领域需要进行检疫检查、在划定的动物疫病疫区内的强制隔离、对动物疫病病患家禽的扑杀等相关规定。另外，要完善我国的兽医管理行管制度，规范有关动物疫情的防治标准和技术规范等。

在应急处置机制完善的过程中，要完善动物疫病公共危机应急网络管理的法律制度规范。依托信息收集与分析预警结果，依据《中华人民共和国网络安全法》《中国政府信息公开条例》《中华人民共和国突发事件应对法》等法律法规，做到适时、准确公开信息，有效应对突发动物疫情危机事件，及时有力地引导社会舆论。首先，应急管理部门应当及时调动和有效整合各种应急力量，迅速组织调动和整合各种应急管理物资与人员，在最短的时间内组建上下联动、各管理部门横向联动有效的组织机构，形成突发动物疫情应急处置的技术合力，保证应急的信息需求和各种应急需求，形成制度性规范；其次，应组织力量，及时利用线上线下等立体化渠道，通过利用新闻发布会制度、新闻发言人制度，透过政府门户网站、政务微博、政务微信、主流媒体掌握网络媒体、网络论坛、网络跟帖等场域的话语权，提升舆情议程设置能力，掌握舆情引导的主动权，通过制度要求各级政府和相关主体在动物疫情发生后积极进行回应；最后，继续即时对网络舆情进行信息收集、分析、监测与疏导，及时对网络舆情引导的效果进行评估与反馈，及时落实舆情引导监督考核制度与追责制度。

二、行政规范

本书所指的有关动物疫情公共危机网络舆情引导的行政规范是除法律之外的有关部门规章、地方性行政规章制度和行政措施等制度规范的集合。事实上，在制度上升为法律之前，都是这里研究的对象。我国各级地方政府在针对突发动物疫情网络信息安全及舆情引导的制度规范制定了不少，全国范围内的部门规章最近几年也相继出台，如国家互联网信息办公室 2014 年 8 月 7 日发布《即时通信工具公众信息服务发展管理暂行规定》、2015 年 2 月 4 日发布《互联网用户账号名称管理规定》、2015 年 2 月 5 日发布《互联网危险物品信息发布管理规定》、2015 年 4 月 28 日发布《互联网新闻信息服务单位约谈工作规定》、2016 年 6 月 25 日发布《互联网信息搜索服务管理规定》、2016 年 6 月 28 日发布《移动互联网应用程序信息服务管理规定》、2016 年 11 月 4 日发布《互联网直播服务管理规定》、2017 年 5 月 22 日发布《互联网新闻信息服务许可管理实施细则》、2017 年 8 月 15 日发布《互联网论坛社区服务管理规定》、2017 年 8 月 25 日发布《互联网跟帖评论服务管理规定》、2017 年 9 月 7 日发布实施《互联网用户公众账号信息服务管理规定》、2017 年 9 月发布《互联网群组信息服务管理规定》及 2017 年 10 月发布《互联网新闻信息服务新技术新应用安全评估管理规定》等相关规章制度，各级地方政府和相应管理部门为落实国家法律制度、规范网络信息安全管理、加强危机管理等也制定了一些地方性行政规章制度。这些制度在规范和加强网络舆情管理方面起到了重要的作用。但总体来看，还需要在从以下方面加强管理。

（1）层级落实各类法律制度和部门规章。从目前来看，应当督促地方信息网络管理部门制度和通过即时通信工具服务提供者落实安全管理责任，如真实身份信息认证时不得向未认证真实身份信息的用户提供跟帖评论服务，要求对注册用户进行真实身份信息认证时不得向未认证真实身份信息的用户提供跟帖评论服务等。同时，要建立相应管理制度，定期开展国家有关法律法规的培训，开展文明上网教育。

（2）进一步细化网络信息安全的管理措施，有针对性地精准执法。从前文的分析可知，我国目前已经出台了一系列有关网络信息安全传播的法律制度和行政规范，这些制度涵盖了互联网技术提供商、网站运营商、内容提供商、新闻从业人员等各类组织和个人，也对主要的网络信息载体如信息群、贴吧、论坛、搜索空间等都出台了相应的制度规范措施。下一步，需要各级网络信息管理部门及其相关单位细化网络信息安全的管理措施，如对信息安全管理中要求用户后台实名注册，那么就要确立一些系列的制度措施来甄别其是否是真实身份登录，制定相应的考核机制来确定论坛社区服务提供者是否与用户签订了协议，用户哪些行为是违反互联网论坛社区服务发布、传播法律法规和国家有关规定禁止的信息，哪些情况下服务提供者可以通过封禁或关闭账号板块等措施来防止非理性的信息传播等，这些都需要制度进行进一步细化，以达到执法部门精准执法。

（3）严格执行日常考核和年检制度，对互联网信息服务单位、互联网论坛社区服务单位、互联网贴吧等各个组织及其负责人要落实责任主体，建立日常抽检、定期巡查、年度考核等各种制度，考核其是否具有安全可控的安全防控措施、是否配备有符合资质的相应专业人员、是否按国家法律法规要求在履职履责进行信息服务和技术支持等，确保网络信息安全管理。同时，建立健全各种配套制度。例如，用户信息保护制度、举报制度、分级管理制度等，建立互联网信息从业人员档案制度和黑名单制度，新闻网站、App、网络直播等应遵守安全管理制度等。

（4）加强突发动物疫情应急处置机制建设。要切实加强从中央到地方等各级突发动物疫情应急指挥机构的建设，要加强应急队伍建设，切实完善应急指挥系统的有效运行机制。根据动物疫情防治和应急处置的要求，建立健全动物疫情公共危机应急处置过程中的应急管理物质储备制度。例如，按照相关法律规定，县级以上人民政府应当明确应急处置所需的各类防疫防治物资，最大限度内配备好相应的应急管理交通通信设备和动物疫情处置的各种设备设施，各类应急物资的快速运送和相关动物疫病大型消毒设备等准备，同时要相应地配备相应的队伍和人员，并将这些物资储备要求制度化。从制度上完善突发动物疫情的应急处置预案，并要求相关部门定期进行应急演练，加强应急处置措施。制定有关动物疫病的处置隔离、扑杀的补贴制度，规范制定执行有关动物疫病在预防、控制和扑杀、销毁动物产品或其他物资消耗的补贴补偿。完善保险制度，对农业畜牧业纳入保险保障范围进行制度优惠，重点动物疫病纳入保障范围等。

三、行业自律

针对互联网信息传播平台进行信息管理已经成为各国政府、各类组织机构及各级管理人员的共识。越来越多的人认识到自律在网络舆情引导方面的重要性。由于互联网自身开放性和自由度较高的特点，通过过于严格的法律法规及政策对其进行约束可能会影响网络信息资源的开发和利用，因此行业自律成了各国政府重视的内容。广大网民认为网络传播应具有高度的自由性，反对任何形式的政府管制。由于互联网具有分散分布的网状结构，目前普遍采用树状及自上而下金字塔式的网络舆情管理方式，但并未能很好地解决舆情带来的负面影响。因此，与政府的干预相比，行业自律能更高效的规范网络，是较合适的政策取向。

提倡自律已经得到了各个国家和各类社会组织的积极认可。例如，1998 年经济合作与发展组织在经过讨论后在它们的论坛上发布了提倡互联网组织应当在内容上积极自律的声明，随后欧盟也加入，成为互联网自律的积极推动者。1999 年 9 月，在国际范围内推行互联网自律制度的第一个里程碑式会议在德国慕尼黑召开。我国在互联网行业自律方面也有不错的进展，互联网新闻宣传管理部门的负责人早就提出网络媒体要自律。例如，2001 年 5 月 25 日，为促进互联网自律和自我管理，我国成立了中国互联网协会。这个协会是我国首个国家级的互联网自律、自我管理的组织，它的基本职责被界定为制订并实施互联网行业的规范和自律公约、充分发挥行业自律作用。另外，我国还启动了“网络文明工程”和“家庭上网工程”，通过网络文明的建设，引导公众正确应用网络，提高行业自律性。

（一）培养自律意识

要鼓励互联网组织、各论坛服务行业组织建立健全行业自律制度和行业准则，指导互联网组织及各互联网网络服务的提供者建立健全服务规范，严格督促互联网的服务提供者依法依规提供服务、接受社会监督，提高互联网服务从业人员的职业素养。不仅要培养互联网网络服务提供商的自律意识，还要培养和增强广大网民的自律意识。因为对网络舆情进行引导需要网民及网络服务提供商的相互配合。我国一些高校还进行了网络自律等方面的学校教育，以培养和增强学生的网络自律意识。例如，2001 年 5 月，北京邮电大学出台了《关于加强学生网络道德的意见》，在全校范围内对宣传倡导网络自律和网络文明作出了明确的规定，同时，为加强违反网络道德规范的网络行为，规定中还增加了相关网络监督和违纪处罚的内容。

另外，国际上许多高校开设了有关互联网行业自律内容的课程。例如，美国哈佛大学开设的“互联网与社会”课程、杜克大学开设的“互联网与伦理学”课程、麻省理工学院开设的“电子前沿的伦理与法律”课程、加州大学伯克利分校开设的“互联网伦理学”、普林斯顿大学开设的“计算机、伦理与社会责任”课程等。

（二）网络信息过滤

网络信息过滤技术是通过软件和分级系统来设定不同权限网民信息的获取内容与差异化水平，具体是通过网民在登录网站后，依据网民的等级、相关准则设置网民可见的信息内容。例如，对一些网络舆论进行分级管理，对暴力、言语等有害信息进行过滤，保护广大网民免受不良信息的影响侵害，稳定社会秩序，维护良好的网络环境。互联网从业者需自觉使用网络过滤技术对有害信息进行过滤以此来维护网络环境。国际商业机器公司（IBM）就曾拿出 10 万美元，主要用于资助娱乐软件顾问委员会（Recreational Software Advisory Coucil），该顾问委员会正在积极研发 RSACi 分级系统的应用。通过前期研发，微软浏览器已经利用该系统，通过信息过滤技术，阻止了未成年人免受违法及有害信息的影响，维护未成年人的合法权益。同时，国家通过 IP 地址的监测、跟踪、全天候值班监测等方式对负面消息及网上的一些负面舆论进行及时的清理，以免负面舆论快速传播而造成不良的社会影响。针对突发动物疫情危机管理信息，事实上还需要应急管理部门和动物疫情防控部门在信息发布上注意信息过滤，尤其是有关协会发布的疫病信息，要主动做到真实、慎重和适度发布。

（三）热线举报制度

热线举报制度的建立表明自律机制在互联网领域的实施已经取得了较大的进展。热线制度是指互联网从业者或网民在发现他们认为有害的、负面影响较大的、违法的信息后，通过发送电子邮件、拨打各类公开的热线电话、发送传真等方法，对这些违法信息进行举报，相关部门在接到举报后，启动调查和采取相关必要行动，如及时通知互联网信息内容提供商，情节严重的通知警方，利用各种法律制度规范及时阻止不良信息的传播。这种自律方式建立的前提条件是要拥有足够的用户数。目前，荷兰、德国、挪威、英国、澳大利亚、法国、爱尔兰、奥地利等国家都实施了这种热线举报制度。在欧洲，最为有名的两条热线是英国互联网热线和荷兰互联网热线。英国互联网热线是在 1996 年 9 月由英国互联网监看基金会（Internet Watch Foundation）建立的，由于运行良好得到了广大网民的认可，因此成了互联网热线的典范。荷兰互联网热线是由荷兰互联网提供商基金会（Dutch Foundation of Internet Providers）等组织倡导建立的，它是欧洲历史上第一条互联网热线，这条热线的日常维护和运作是由网民志愿者负责的。欧洲还成立了热线联盟，热线联盟是互联网热线提供商协会（Internet Hotline Providers in Europe Association，INHOPE）建立的，主要任务是负责各会员国之间网民热线的协调管理，为广大网民举报万维网、聊天室、新闻组中的非法和有害信息提供培训，对网络环境方面的建设等提供特定的专家支持。因此，可以利用热线举报制度对网络舆论中负面影响较大的舆论发起者进行举报，采取相应的对策及时遏制舆论的发酵，控制舆论影响。

（四）行业行为准则

行为准则作为任何一个公司、行业的基本准则在自律方面起到了至关重要的作用。但与法律不同的是，行为准则并不是强制性的，而是人们自己去遵循的行为规范，因此是自律的一种重要体现。而行为准则的制定一般要通过公司行业及个人协商共同商榷，最终才能制定出满意度较高、人们愿意自觉遵守的行为准则。1996 年，加拿大网络提供商协会出台了世界上第一种成文的行业准则，在这个准则中，协会提出成员组织应当主动提供网络有害信息的举报，同时要求组织成员要与有关的执法部门进行合作。虽然这些行为准则并没有关于行业自律方面的具体执行细节，但着重强调了关于网络有害信息的投诉。

我国于 2002 年也发布了《中国互联网行业自律公约》，在这个行业自律公约中，指出互联网行业自律的基本原则是“爱国、守法、公平、诚信”；公约倡议全行业从业者应当加入公约，从维护国家和全行业整体利益的高度出发，积极推行行业自律，创造良好的行业发展环境。各互联网组织和个人要自觉遵守国家有关互联网发展和管理的法律、法规和政策，大力弘扬中华优秀传统文化和社会主义精神文明的道德准则，积极推动互联网行业的职业道德建设；互联网信息服务者应自觉遵守国家有关互联网信息服务管理的规定，自觉履行互联网信息服务的自律义务。

（五）提升网络舆论领袖的自律性

舆论领袖是在网络上对随时发生的重大事件提供信息或发表建议及意见，并在众多舆论中脱颖而出，观点受到多数网民认可，有能力对网民施加影响、在复杂的网络关系中占据中心位置的人物或组织群体。随着网络热点事件在网络中的不断涌现,越来越多在网络上流行和传播的网络舆论开始影响到人们的现实生活。作为网络舆论领袖，他们对舆论的影响力在某种程度上等于甚至超过传统主流媒体的影响力。为了让网络舆论领袖的出现给社会生活带来更多正向的影响，互联网行业应当注重提升网络舆论领袖的自律性。如果说现实中的舆论领袖依靠面对面的交流互动来树立自身的威信，那么网络舆论领袖则是依靠无形的力量去赢得广大网民的信任。让舆论领袖在网络舆情引导的过程中通过自身的影响力，发挥正向作用，从而达到构建良好网络环境、稳定民心、维护社会秩序稳定的目的。

我们在开展网上舆论引导工作的过程中，要注意把培养和争夺网络舆论领袖作为一项长期的工作来抓。一方面我们要收集和关注现有网络上的各类舆论领袖，关注他们的意见和建议及网络行为，尽可能多地争取这些舆论领袖；同时要认清形势，掌握舆情传播规律，有意识地培养一些优秀的舆论领袖，通过培育这些舆论领袖来引导网络舆情，使得舆论领袖的舆论与主流价值观相符合，同时传播正向的舆情信息及正向的意见或观点；对于那些中性的舆论意见，要时刻关注并争取；对于那些反动的言论，要尽可能地进行孤立；对于违法犯罪，要积极进行打击。总之，要通过舆论领袖来引导网民，用网民自己的声音来引导、感染和教育网民，实现网民的自我管理、自我教育和自我引导，只有这样才能达到更好的舆情引导目的。

第二节　组织机构、人员保障

一、组织机构

组织机构是突发动物疫情公共危机网络舆情引导机制建立的载体，我们不仅要积极建立突发动物疫情公共危机的管理机构，还要注重建立网络舆情引导的相关组织机构，同时要建立各组织机构之间的协同合作机制。从目前情况来看，我国从国家到地方层面都成立了相应的网络信息安全管理的网络信息安全与管理部门，如各层级的新闻管理机构和各层级的政府应急管理部门等，这些组织和部门在各自的工作职能领域内履行职责。但是，有些部门还存在各自为阵、互不通信息的情况，因此，在突发动物疫情暴发后，不仅要按照我国应急管理办法成立应急管理指挥机构和应急组织，同时网络舆情的引导还需要建立相应的机构或职能部门。例如，可以建立突发动物疫情网络舆情危机管理机构，这个机构的组成人员可由网信部门、新闻管理部门、主流媒体代表、动物疫情防控部门、公安等多个部门构成，其工作任务包括：制定网络舆情引导规划和策略，组织人员从事网络舆情引导相关的信息收集、分析和预警工作，统筹协调、领导相应网络舆情引导主体的引导工作，积极监控和有效评估网络舆情引导效果等，同时督促各主体之间信息共享、协同合作。

建立专家咨询机构，强化专家在决策咨询中的关键性作用。突发动物疫情舆情危机管理工作网络中由于领导机构和小组成员具有广泛性，为使舆情危机预警、决策、应对和管理建立在科学分析的基础之上，需要获得更多的智力支持和技术支撑，因此建立专家咨询机构十分必要。

完善网络发言人机制，随着政府职能的不断转变，服务型政府和回应型政府也应运而生。为了对一些突发事件和热点事件进行回应，并进行更有效的信息沟通，更好地向公众传递信息，网络发言人随即出现。2009 年 9 月，广东省政府 15 个厅局设立了网络发言人，这些网络发言人的定位和主要职能是定期收集处理本单位网站、人民网、南方网等网站上的留言，对外宣传政策、解答民情民生问题。网络发言人制度的建立，体现了政府在处理网民意见方面从被动转为主动，这种方式和制度不仅拓宽了民意的表达渠道，还增强了信息沟通的有效性，是网络信息沟通机制的创新。与传统新闻发言人不同的是，网络发言人在信息传播过程中会更加积极主动。由于我国网络发言人制度还在发展完善中，因此在实践过程中仍存在一些问题。例如，一些网络发言人变成“摆设”，无法发挥其应有的作用，而此类现象在传统新闻发言人中也时常发生。随着网络舆论影响力的不断扩大，网络发言人的作用愈发重要。我国政府要建立健全网络发言人工作机制，首先要了解民意，做好民意调查工作，这是完善网络发言制度的基础。其次，要培育好的网络发言人，网络发言人可以适当借鉴传统新闻发言人的一些较为理性和成熟的做法，对大众和媒体提出的问题进行初步回应，发挥自身的组织协调优势，对大众所反映的问题予以落实和处理。最后，依据相关部门给出的具体意见，经网络新闻主管部门审查通过后向广大民众进行反馈。政府应当赋予网络发言人信息发布的权力，发言人同时应当为自己的行为承担相应的责任，在履行职责过程中做到有权必有责、权责对等。让网络发言人“从群众中来，到群众中去”，成为深受民众信任和支持的政务信息管理员和政府互联网形象代言人。

二、人员配备

突发动物疫情网络舆情引导工作涉及多个部门和组织，引导的方法和手段丰富多样，引导的策略也需要建立在科学的分析基础之上，因此，无论从哪个角度来看，网络舆情引导都需要储备和培育相关的人员，尤其是专业人员。具体而言，需要配备以下几类人员。

（1）危机管理人员。目前而言，有些地方政府缺乏危机管理经验，对公共危机的网络舆情引导经验不足。因此，各级政府为了更好地对网络媒体进行管理，对网络舆情进行有效引导，及时发现网络上存在的负面信息，必须配备相应专业的危机管理人员，还可以聘请网络媒体危机公关顾问。配备足够的具备危机管理能力的人员，是网络舆情引导的重要条件。一般来说，危机管理专业人才需具备危机洞察能力，具备收集、发现、判断舆情走向的能力，能够比较准确地甄别出信息的真伪，判断出舆情所体现的事件的性质和有可能对社会造成影响的级别等；具备危机决策能力，能够根据收集的信息及时准确地做出危机决策，熟悉决策技术技巧，拥有决策的魄力和知识；具备危机处置能力，有能力和权力调配相关资源，有能力组织人员控制突发动物疫情的扩散及减少损失。这些危机管理人员可以是政府相关部门工作人员，可以是各种媒体或其他事业单位专家，还可以是外聘的咨询专家。政府可以选择一些在新闻资历上造诣较深、应对危机事件经验丰富、在危机公关水平上非常专业的网络媒体作为危机公关顾问，为网络舆情引导工作的开展提供咨询与帮助。网络媒体危机公关顾问不仅要进行网络舆情监测，更要对突发网络事件进行有效的引导和控制，要有化解危机的能力（窦宝国，2012）。网络媒体危机公关顾问要能通过对危机事件的有效处理，树立政府的良好形象，提升政府应对公共危机事件的能力，增强政府对网络舆论的引导能力，这样政府对网络舆论的监管才能更加有效，网络环境才会更加和谐。

（2）突发动物疫情防控专业人员。掌握突发动物疫情防控知识的专业人员，对于该类事件的网络舆情引导来说也是必不可少的人员配备，只有通过专业人员的处置，突发动物疫情才能在最短的时间内、用最低的成本取得最理想的效果。因此，突发动物疫情防控专业人员应具备事件处置的能力，能够准确有效地判断疫情及其发展趋势，有针对性地采取各种监控、隔离或扑杀措施等。

（3）深入了解新闻传播规律和纪律的传媒从业人员。如果说危机管理人员是网络舆情引导的指挥系统，那么了解新闻传播规律、熟悉新闻传播纪律的媒体从业人员则是网络舆情引导的执行系统。网络舆情的扩散说到底是网络信息在网络空间中不断被更多媒体和网民认知、评论及转发的过程，这个过程具备媒体信息传播的特征，是网络信息、自媒体时代的信息传播方式。只有了解新时代信息传播规律的传媒从业人员，才能全面准确地掌握网络舆情传播的特点，从而准确判断网络舆情的发展趋势，正确运用网络舆情引导的方法和手段，有针对性地提出网络舆情引导的策略；同时，只有遵守新闻传播规律的传媒人员，才能时刻在国家有关制度规范的框架范围内，遵守职业道德，坚守职业操守，坚守新闻报道底线，不传谣，不传播没有得到证实的信息，不刊发和转载可能引发社会不安、破坏社会公序良俗的新闻信息，自觉抵制假大空信息，自觉维护社会和谐。

（4）熟悉网络技术的专业人员。网络舆情的引导主要依托网络平台进行，因此需要配备熟悉网络技术的专业人员。这些专业人员中应当有熟悉网络物理、基础技术的人员，还需要有掌握互联网、搜索引擎、社交聊天软件等各种网络技术的人员，也需要有熟练操作新媒体技术能力的人员。总之，能够熟练运用网络舆情引导技术和方法的专业人员，是有效提高舆情引导速度和准确度的前提。

（5）要重点培养一批有技术有能力的意见领袖，建设好网络评论员队伍。随着互联网技术的迅猛发展，网络舆论导向能深刻影响广大群众的认知，而作为意见领袖、网络评论员可以深入网民队伍中，有意无意地引导网民舆论，因此加强意见领袖、网络评论员队伍建设成了政府与各社会知名网站合作的重要内容。网络评论员的工作主要是对产生的各种矛盾做出理性评述，引导网民对事件做出正确的判断，同各种错误的言论做斗争，让舆论引导在突发事件的处理中起到有力的辅助作用。同时，网络评论员的产生对维护社会稳定和塑造良好的政府形象起到了重要作用。因此，对于意见领袖、网络评论员的选拔要求要严格。一般来说，意见领袖、网络评论员应当由各级政府单位人员或了解、关心并支持政府各项工作的社会人士担任。而这些人也应具备较高的政治及媒介素养，在自己的领域有一定的影响力，同时要拥有一定的新闻评论功底，具有较强的文字表达能力，对问题的分析有独到的见解，善于使用各种网络工具，且对舆论走向要有能力准确把握并及时引导。当出现影响力较大、破坏力较强的负面新闻时，要保持中立者的身份，站在广大网民的立场，第一时间发表有说服力的言论，公平公正地对扭曲事实、破坏政府形象的信息及舆论进行反击，以合理的方式帮助网民形成正确的价值观，对网络舆论进行正确的引导。与此同时，意见领袖、网络评论员还应特别重视掌握舆论引导的主动权，通过各种方式收集网络上关于动物疫情事件的信息及各级政府部门的负面信息，通过及时的正面引导来遏制谣言的传播与扩散。

三、权力配置

制度机制建设的核心在于权力配置（王寿林，2014）。科学合理的权力配置是突发动物疫情网络舆情引导机制能够有效运作的核心。权力的配置就是在舆情引导过程中对权力的划分和分配，其主要目的在于调配好突发动物疫情网络舆情引导的权力配置，使得各网络舆情引导主体的权力关系明晰化和规范化，各主体在运用网络舆情引导方法手段能够有法可依、有权可用。因此，权力的配置是舆情引导的核心，它需要从以下几个方面入手。

（1）在科学合理的基础上清晰界定各网络舆情引导主体的权力内容和边界。突发动物疫情公共危机属于一种非常规的状态，因此相关部门除了具备常规状态下的职责和权力之外，在必要的条件下还需要配备特殊的、应急权力内容与边界。例如，在制度上要赋予突发动物疫情公共危机管理部门决定、宣布或延长危机状态的权力，配置事前准备阶段的权力，如应急预案、应急体制、物资储备及训练等；配置紧急处置权力，如启动危机预案、发布信息、设立组织、采取各种处置的措施与活动的权力；配置危机过后的权力，如对危机应对中的权力追认等（于强，2004）。与此类似，需要对各舆情引导主体的权力内容进行界定。

（2）界定不同层级网络舆情主体之间的权力内容和边界，依法明确各主体之间、不同层级主体之间的地位、职责和权力界限。什么样的权力配置给哪一层级的组织与个人，什么样的方法手段可以在哪一层级的引导主体中具有权力决定使用，都是权力配置的基础。

（3）依法明确各网络舆情引导主体对权力的行使规则、程序和界限，以保证权力的合理运行。在突发动物疫情公共危机网络舆情扩散引导过程中，舆情引导主体在什么样的情境下拥有什么权力、可以使用什么样的方法和手段，在使用这些权力、方法手段之前、之中和之后应当遵守什么样的程序，以及权力和方法手段运用到什么状态下，都需要制度进行规范，这也是权力配置的重要内容。例如，动物疫情危机处置主体需要清晰界定什么条件下需要隔离、扑杀动物，什么情况下可以对外公布什么样的疫情信息；在利用技术引导方法时，应当明确界定符合哪些条件可以断网，在断网之前应当履行哪些告知的义务和程序，到什么情况下应当恢复等。

总之，权力配置是一个相辅相成的过程，突发动物疫情网络舆情引导的权力配置是舆情引导机制运行的核心保障和重要的支撑条件，必须做到权力边界清晰、权力运行透明、权力制约到位。

第三节　物资技术保障

一、信息平台保障

突发动物疫情公共危机网络舆情引导需要有一定的物资技术保障。舆情引导主要在网络空间中实现，正如舆情扩散是在网络空间中形成一样，舆情的引导也需要借助一定的网络平台才能更好地完成。因此，从这个角度上来看，在保障机制中，需要舆情引导主体拥有或建设好信息平台。本书认为，突发动物疫情公共危机网络舆情引导的信息平台保障应当包括信息发布平台、信息收集与信息处理平台及信息共享与交换平台等。

（1）信息发布平台。在突发动物疫情公共危机发生后，无论是有关疫情的信息、政府处置的信息、防控的信息等，还是应急管理部门的正面引导信息、意见领袖的正面评论等都必须有及时的渠道和平台发布出去，这是舆情引导的前提条件。目前来看，我国已经已形成了由主流媒体、非主流媒体、政府门户网站、留言板、论坛、贴吧、政务微博、博客、微信、QQ 等多种媒介载体构成的网络信息发布平台，各类型信息都可以通过这些平台进行发布。值得一提的是，地方政府也已认识到信息发布平台建设的重要性，除了传统的门户网站，利用政务微博、微信等网络社交平台及时发布信息也越来越常见。

（2）信息收集与信息处理平台。信息的收集与处理是网络舆情引导的前提和基础，有足够丰富和全面的信息才能把握舆情的发展和走势，有科学有效的网络信息处理平台和方法才不会在纷繁复杂的信息中被淹没，因为网络信息具有纷杂、海量和非结构化等特征。目前，一些信息收集和处理平台相继出现并被广泛运用，如基于云技术的网络爬虫信息平台、基于 RSSBUS 的社交媒体信息收集分析系统、基于 HADOOP 的网络海量数据采集及处理平台等，以及各大网站和各级网信部门都可能具备的舆情监控软件等，都是重要的信息收集与处理平台。总之，信息收集与处理平台要能适应突发动物疫情网络舆情引导的需要。

（3）信息共享与交换平台。要实现各舆情引导主体之间的信息互通，扩大各主体之间的信息沟通渠道，利用制度和技术实现各主体之间信息库的链接与信息资源共享机制。例如，政务微博数据之间信息链接的互通，可以将同一系统的政务微博相链接并大力宣传，对不同系统的微博也可采取交叉链接进行宣传，每个微博里都应查询到相关系统的微博链接；开设微信公众号不定期推送相关信息，扩大传播渠道；在政府官方网站首页对政务微博及微信公众账号进行官方认证及公示，便于广大网民搜索。而对于一些信息量较大的事件进行报道，可采用“长微博”的形式加以说明，也可在官网上进行详细报道，同时在微信公众号或政务微博上以“摘要+链接”的形式发布事件相关内容。这些举措不仅有助于提高官网的访问量，也巧妙地将微媒体信息发布快捷、浏览量广同官网信息发布内容详尽的优势相结合，让更多的网民及时地关注了解到热点信息。同时，建立官网、微信、微博“三位一体”的一站式服务体系。各个平台之间的信息在危机应急状态下，应当按照有利于危机解除、有利于舆情引导的原则进行信息共享，如可以在制度上设计在突发动物疫情危机发生时期，为有利于网络舆情引导，可以要求各数据收集与处理平台按要求定时上传数据或数据分析结果。有专家提出的经典的三层结构平台架构就非常实用，这一三层结构分别是应用操作、后台处理和底层支撑层。支撑层位于最底层，它主要负责系统的整体运营及安全需求。它的内部包括三个子系统，分别是网络、通信和安全。后台处理层综合了信息处理的多个数据库，简单来说就是信息库。为了满足突发动物疫情公共危机网络舆情的处置需求，可以建立包括查阅历史文件、实施不间断的监测、准备多项预案、鉴定所选的决策及回应反馈等多功能的信息库，各类信息主体可以将信息资源链接送入数据库，实现前台分析和操作的信息储备，从而实现信息共享。

二、物资设备保障

突发动物疫情公共危机网络舆情引导机制的运行不仅需要人和组织的参与，还需要相应的物质资源进行保障。足量质高、便利有效的物质和设备资源等突发动物疫情公共危机网络舆情引导机制运作的基础。这些物资设备资源主要由突发动物疫情防控物资与设备、网络舆情引导方法所需的各种电子设备和物资、网络舆情引导平台建设所需要的物资资源等。根据国家在突发动物疫情公共危机发生后应建立健全应急物资储备保障制度的要求，需要完善突发动物疫情地区应急物资的监督管理、生产储备及调拨配送体系，而拥有辖区的市级及其以上的人民政府和突发事件高发、多发地区的县级人民政府应建立健全应急救援物资、生活必需品和应急处置装备的储备制度。可见，各级政府应当保证拥有足够的应对突发动物疫情处置的应急救援物资、生活必需品和应急处置装备生产、供给、储备及运输的相关物资和设备保障。同时，突发动物疫情公共危机网络舆情的引导不仅是对突发动物疫情的防控，而且需要依托各种舆情引导主体尤其是新媒体和传统媒体等，因此在物资资源和设备的保障方面需要拥有相应的网络监控设备、网络支撑技术设备和物资等。要积极及时开展应急资源调查，全面调查和掌握各地区各单位可以在第一时间内能够调用的各种物资资源，如应急物品、装备、场所等资源状况，并及时补充所缺的物资设备，为突发动物疫情公共危机网络舆情引导方案的制订和策略的采用提供重要的依据。

三、技术保障

技术是提高突发动物疫情公共危机网络舆情引导效率的保障。具体而言，本书认为技术保障应该包括应急管理技术的培训与提高、沟通技巧的学习与提高、网络信息技术的保障等几个方面。应急管理技术涵盖了如何识别动物疫情、检验和确诊疫情、防控疫情技术和方法、应急策略方法等，这些技术主要通过科技的发展和管理经验总结提炼来提高，要通过编发各种培训材料、举办各种类型编发培训材料、举办培训班、开展工作研讨等多种方式，加强与突发动物疫情危机管理密切相关的管理人员和专业救援人员等的应急技术培训；在沟通技巧方面，要开展有针对性的培训，借此来提高危机管理主体和舆情引导主体的沟通技巧，危机管理主体要学习和掌握识别网络舆情发展趋势的技巧，并且能够用及时有效且适度的方式与网民进行沟通，什么信息以什么方式在什么时间段与网民沟通，都是需要技巧的。同时，媒体尤其是主流媒体也需要掌握沟通的技巧，主动针对网络舆论热点，特别是网民自发讨论的热点问题，要能区别且熟练运用各种引导方法，提升引导效果，占领网络舆论的高地。要熟练掌握和运用网络技术手段，并积极研发新的先进网络技术，为舆情引导助力。网络信息技术包括信息收集、分析、发布、处理信息的各种技术，如要掌握先进的网络数据收集和分析软件，获得足够全面且准确的网络舆情数据，要掌握先进科学的分析方法，对舆情数据进行统计分析和趋势判断，并能精准预警等。要进一步研发各种对于IP地址的监测、跟踪、封杀的技术；研发和运用各种自动监测敏感词汇并能自动计时过滤的相关技术，研发和运用各种对网民身份准确认证的软件与程序，对各种非法运营的网站运营商采取技术上的回应等。

参 考 文 献

曹英. 2009. 群体性事件中的信息传播流程、节点与心理接受机制[J]. 河南社会科学，(1)：133-138，219.

陈振明，薛澜. 2007. 中国公共管理理论研究的重点领域和主题[J]. 中国社会科学，(3)：140-152，206.

程葳，钟华，孙娇华. 2009. 网络论坛中发帖行为复杂性研究[J]. 系统工程学报，(4)：385-391.

戴媛，郝晓伟，郭岩，等. 2010. 我国网络舆情安全评估指标体系的构建研究[J]. 网络信息安全，(4)：12-15.

党生翠. 2013. 网络舆论蝴蝶效应研究：从“微内容”到舆论风暴[M]. 北京：中国人民大学出版社：103-106.

狄国强，曾华艺，勒中坚，等. 2012. 网络舆情事件的系统动力学模型与仿真[J]. 情报杂志，(8)：12-20.

丁柏铨. 2012. 新媒体语境中重大公共危机事件舆论触发研究[J]. 新闻大学，(4)：109-117.

丁柏铨，夏雨禾. 2012. 新媒体语境中重大公共危机事件与舆论关系研究[J]. 当代传播，(2)：10-14.

丁道群. 2003. 网络空间的人际互动：理论与实证研究[D]. 南京：南京师范大学博士学位论文.

丁菊玲，靳中坚，王根生，等. 2009. 一种面向网络舆情危机预警的观点柔性挖掘模型[J]. 情报杂志，(10)：152-154，67.

窦宝国. 2012. 我国政务微博的发展现状、存在问题及对策建议[J]. 当代社科视野，(3)：15-18.

杜阿宁. 2007. 互联网舆情信息挖掘方法研究[D]. 哈尔滨：哈尔滨工业大学博士学位论文.

范鹏，魏胜文，魏琦. 2006. 2006—2007 年甘肃省舆情分析与预测[M]. 兰州：甘肃人民出版社.

范维澄. 2010. 国家突发公共事件应急管理中科学问题的思考和建议[J]. 中国科学基金，(2)：71-76.

傅毓维，刘拓，朱发根. 2007. 公共危机伪信息扩散的混沌情景仿真研究[J]. 情报杂志，(12)：7-9.

顾明毅，周忍伟. 2009. 网络舆情及社会性网络信息传播模式[J]. 新闻与传播研究，（5）：67-73，109.

郭晶. 2011. 网络非理性舆论中的网民心理探析[J]. 河南工业大学学报（社会科学报），（4）：42-45.

郭倩倩. 2012. 突发事件的演化周期及舆论变化[J]. 新闻与写作，（7）：9-12.

郭志杰. 2016. 微信舆论场传播失范引发的负面舆论分析以“非法疫苗案”传播为例[J]. 青年记者，（20）：88-89.

韩立新，霍江河. 2008. “蝴蝶效应”与网络舆论生成机制[J]. 当代传播，（6）：64-67.

韩兆洲，金怀玉. 2003. SARS 对中国经济增长影响的统计分析[J]. 经济前沿，（7）：10-11.

姜帆. 2005. 试论重大危机中的媒体作为[J]. 新闻前哨，（Z1）：8-9.

姜胜洪. 2012. 微博时代突发事件网络舆情研究[J]. 理论与现代化，（3）：47-51.

康伟. 2012. 突发事件舆情传播的社会网络结构测度与分析——基于“11.16 校车事故”的实证研究[J]. 中国软科学，（7）：169-178.

兰月新. 2011. 突发事件网络舆情安全评估指标体系构建[J]. 情报杂志，（7）：73-76.

兰月新，邓新元. 2011. 突发事件网络舆情演进规律模型研究[J]. 情报杂志，（8）：47-50.

李彪. 2009. 网络舆情的传播机制研究——以央视新台址大火为例[J]. 国际新闻界，（5）：93-97.

李彪. 2011. 网络事件传播阶段及阈值研究——以 2010 年 34 个热点网络舆情事件为例[J]. 国际新闻界，（10）：22-27.

李亮. 2011. 基于风险评估的动物疫病防控经济学研究[D]. 合肥：安徽农业大学硕士学位论文.

李若冰. 2010. 善变的蝴蝶——混沌理论视野下的网络舆论监督分析[J]. 重庆文理学院学报（社会科学版），（2）：109-111，124.

李晚莲. 2015. 衍生型突发事件网络舆情引导机制研究[J]. 理论探讨，（6）：149-152.

李燕凌，车卉. 2015. 农村突发性公共危机演化机理及演变时间节点研究——以重大动物疫情公共危机为例[J]. 农业经济问题，（7）：19-26，110.

李志宏，王海燕，白雪. 2010. 基于网络媒介的突发性公共危机信息传播仿真和管理对策研究[J]. 公共管理学报，（1）：85-93，127.

林萍，黄卫东，洪小娟. 2013. 全媒体时代我国食品安全网络舆情构成要素研究[J]. 现代情报，（11）：12-16.

刘建明. 2014. 从舆论混沌到民变的舆情演变及模型[J]. 新闻爱好者，（11）：54-57.

刘鹏飞. 2009. 事故树分析法在煤矿事故预防和事故原因调查中的应用[J]. 煤矿安全，（11）：121-123.

刘正荣. 2007. 从非理性网络舆论看网民群体心理[J]. 现代传播（中国传媒大学学报），（3）：167-168.

马丁·布伯. 2002. 我与你[M]. 陈维纲译. 北京：生活·读书·新知三联书店.

马颖，张园园. 2013. 基于生命周期的食品安全事件网络舆情的形成与发展机理[J]. 生产力研究，（7）：61-62，153.

聂哲，李粤平，温晓军，等. 2009. 个体间相互影响的网络舆情演变模型[J]. 计算机工程与应用，（14）：220-222，227.

农业部. 2010. 努力确保不发生区域性重大动物疫情[N]. 农民日报.

农业部新闻办公室. 2018. 农业部召开 2018 年全国重大动物疫病防控工作视频会议强调牢记使命 锐意进取 开创新时代动物防疫工作新局面[EB/OL]. http://www.moa.gov.cn/xw/zwdt/201803/t20180307_6138058.htm [2020-03-07].

人民网. 2005. 中西方媒体在危机事件中扮演的不同角色[EB/OL]. http://www.sina.com.cn [2019-09-19].

沙莲香. 2011. 社会心理学[M]. 北京：中国人民大学出版社.

邵东珂，吴进进，彭宗超. 2015. 应急管理领域的大数据研究：西方研究进展与启示[J]. 国外社会科学，（6）：129-136.

佘廉，吴国斌. 2005. 突发事件演化与应急决策研究[J]. 交通企业管理，（12）：4-5.

史波. 2010. 公共危机事件网络舆情内在演变机理研究[J]. 情报杂志，29（4）：41-45.

汤书昆，褚建勋，徐毅. 2004. 危机传播——一个新学科领域的研究大纲[J].“科技·媒体与重大危机应对”国际研讨会会议集，11.

汪春香，徐立青，赵树成. 2015. 影响食品安全网络舆情网民行为的主要因素识别研究——基于模糊集理论 DEMATEL 方法[J]. 情报杂志，（3）：138-143.

汪潘义. 2014. 基于文献计量法的我国区域产业同构问题研究分析[J]. 科技进步与对策，（13）：64-67.

王根生. 2011. 面向群体极化的网络舆情演化研究[D]. 南昌：江西财经大学博士学位论文.

王国华，武国江. 2004. 新闻媒体在政府危机管理中的作用[J]. 云南行政学院学报，（3）：10-13.

王寿林. 2014-03-11. 科学配置权力是制度建设的核心[N]. 检察日报，（07）.

王益富，申可君. 2009. 网络社会角色心理现象与分析[J]. 淮阴师范学院学报（社会科学版），3：395-398.

魏玖长，赵定涛. 2006. 危机信息的传播模式与影响因素研究[J]. 情报科学，（12）：1782-1785.

乌尔里希·贝克. 2004. 风险社会[M]. 何博闻译. 南京：译林出版社.

乌云娜. 2014. 复杂网络中基于非理性博弈的舆情传播模型的研究[D]. 长春：吉林大学硕士学位论文.

习近平. 2014. 习近平主持召开中央网络安全和信息化领导小组第一次会议强调：总体布局统筹各方创新发展 努力把我国建设成为网络强国[EB/OL]. http://www.cac.gov.cn/2014-02/27/c_133148354.htm?from=timeline[2020-07-13].

夏雨禾. 2014. 2010 年以来的突发事件微博舆论及其变化趋势——基于新浪微博的实证研究[J].

新闻与传播研究，（3）：52-67，127.
向良云，居水木，刘霞. 2013. 重大群体性事件演化影响因素的相关关系研究——基于结构方程模型的分析[J]. 情报杂志，（9）：16-22.
项国雄，胡莹. 2005. 重构公共领域中的对话传播理念——以“苏丹红事件”为例谈重大危机事件的应对之策[J]. 新闻界，（5）：3.
徐晓日. 2007. 网络舆情事件的应急处理研究[J]. 华北电力大学学报（社会科学版），（1）：89-93.
薛澜，张强，钟开斌. 2003. 危机管理[M]. 北京：清华大学出版社.
杨晓. 2012. 自媒体时代的网络流言、舆论分析与应对[J]. 新闻与传媒研究，（4）：20-22.
杨乙丹. 2012. 群体性事件的链式演化与应急能力指标体系的构建[J]. 河南社会科学，（6）：35-37.
姚忆江，曾俊，殷卫兰. 2009-10-25. 网络发言人出山，网络评论员退隐[N]. 南方周末.
殷晓蓉. 1999. 议程设置理论的产生、发展和内在矛盾——美国传播学效果研究的一个重要视野[J]. 厦门大学学报（哲学社会科学版），（2）：3-5.
于乐荣，李小云，汪力斌，等. 2009. 禽流感发生对家禽养殖农户的经济影响评估——基于两期面板数据的分析[J]. 中国农村经济，（7）：12-30.
于强. 2004. 对公共危机管理权的法理研究——基于宪政的视角[D]. 昆明：云南大学硕士学位论文.
喻国明，李彪. 2009. 舆情热点中政府危机干预的特点及借鉴意义[J]. 新闻与写作，（6）：56-59.
喻国明，李彪. 2015. 社交网络时代的舆情管理[M]. 南京：江苏人民出版社.
臧国仁. 1999. 新闻媒体与消息来源：媒介框架与真实建构之论述[M]. 台北：三民书局股份有限公司.
曾润喜，徐晓林. 2011. 网络舆情的传播规律与网民行为：一个实证研究[J]. 中国行政管理，（11）：16-20.
张庆民，武洁琼，吴春梅. 2012. 基于企业污染行为视角的网络舆情危机演化研究——以环境事件为例[J]. 情报杂志，（10）：53-58.
张任明. 2003. 迅速开放传播通道——公共危机事件中的政府传播对策[J]. 公关世界，（10）：9-11.
张淑霞，刘明月，张晨曦. 2015. 动物疫情冲击下养殖户生产恢复行为研究——以高致病性禽流感为例[J]. 东北农业大学学报（社会科学版），（6）：1-7.
张旭蕾，史福林，潘樱心. 2014. 网络舆情预测模型研究[J]. 辽宁警专学报，（2）：67-71.
张一文，齐佳音，方滨兴，等. 2010a. 非常规突发事件网络舆情热度评价指标体系构建[J]. 情报杂志，（11）：71-75，117.
张一文，齐佳音，马君. 2010b. 网络舆情与非常规突发事件作用机制——基于系统动力学建模分析[J]. 情报杂志，（9）：1-6.

张一文. 2012. 突发性公共危机事件与网络舆情作用机制研究[D]. 北京：北京邮电大学博士学位论文.

张玉强. 2011. 网络舆情危机的政府适度反应研究[D]. 北京：中央民族大学博士学位论文.

郑杭生. 2008. 社会学概论新修[M]. 3 版. 北京：中国人民大学出版社：140-143.

郑雪光，滕翔雁，朱迪国，等. 2014.全球重大动物疫病状况及影响[J]. 中国动物检疫，31（1）：1-4.

中国互联网络信息中心. 2019. 第 44 次中国互联网络发展状况统计报告[EB/OL]. http://www.cac.gov.cn/2019-08/30/c_1124939590.htm[2020-07-20].

朱亮，孟宪学. 2013. 文献计量法与内容分析法比较研究[J]. 图书馆工作与研究，6（12）：64-66.

Entman R M. 1993. Framing：toward clarification of a fractured paradigm[J]. Journal of Communication，43（4）：51-58.

Hall R O，Dybdahl M F，Vanderloop M C. 2006. Extremely high secondary production of introduced snails in rivers[M]. Ecological applications：a publication of the Ecological Society of America，16（3）：1121-1131.

Heath R. 2004. Crisis Management for Managers and Executives[M]. Beijing：China City Press：56-78.

McCombs M E，Shaw D L. 1972. The agenda setting function of the mass media[J]. Public Opinion Quarterly，36（2）：176-187.

Mckenna K Y A，Bargh J A. 1998. Coming out in the age of the internet：identity “demarginalization” through virtual group participation[J]. Journal of Personality and Social Psychology，75（3）：681-694.

Mendoza M，Poblete B，Castillo C. 2011. Twitter under crisis：can we trust what we RT?[J]. Proceedings of the First Workshop on Social Media Analytics：71-79.

Raymond V. 1966. The chapter focuses on international investment and international trade in the product cycle[J]. International Executive，18（4）：16-20.

Steven F. 1986. Crisis Management：to Deal with the Emergency Plan[M]. New York：General Books LLC：123-136.

后　记

2017年11月，在桂花飘香、红枫耀眼的时节，我完成了本书的初稿。此后历经多次修改，直至今日定稿完成。在这个过程中，本书得到国家社会科学基金重大招标项目“突发性动物疫情公共危机演化机理及应急公共政策研究”（11&ZD171）、国家社会科学基金课题“突发公共事件非理性网络舆论扩散的阻断机制研究”（17BGL180）和湖南省科技计划项目优秀博士后基金“重大动物疫情公共危机治理中网络舆情引导机制研究”（2015RS4038）的资助。我关注这一问题的初衷，一是在于自己之前在媒体工作过几年，对媒体研究有着天然的兴趣；二是互联网这一强势媒介的产生和网民持续深入的介入，对现代社会产生的广泛影响；三是自己多年来一直从事公共管理教学与研究，我想做一个公共管理与传播学的交叉研究。有了这个想法以后，我正好加入了国家社会科学基金课题组，由此便开始着手研究。在本书写作过程中，我多次深入大湘网等新媒体调查，与网络管理员、危机管理部门的工作人员深夜畅谈，有些人我甚至都不知道名字，但一直心怀感激。

我要特别感谢我的博士后合作导师李燕凌教授，他从一开始就于大处严格要求、于细处耐心指导自己。在我迷茫时，为我拨开迷雾指明方向；在我刻苦努力时，不吝啬鼓励与赞许；在我想停下脚步时，及时敲打鞭策。导师的引导、鼓励和鞭策甚至批评都化作自己前行的动力，导师的言传让我受益良多，而身教则让人感动，那种运筹帷幄、又注重细微小节的处事能力，那种坚韧不拔、坚持不懈的毅力，那种咬定青松、不怕吃苦的精神，为我树立了标杆，是我之前及以后都要努力学习的榜样。本书出版过程历经时间较长，科学出版社的编辑认真负责，多次提出修改意见，直至交付出版。在此，向他们表示谢意。

话语从来都难以表达尽自己的感激之情。唯将所有的感激留存心中，化作良愿，化作动力，一起努力前行。

李晚莲

2020年9月1日